Levin Schücking

Lebenserinnerungen

Band 2

Levin Schücking

Lebenserinnerungen
Band 2

ISBN/EAN: 9783743343276

Hergestellt in Europa, USA, Kanada, Australien, Japan

Cover: Foto ©ninafisch / pixelio.de

Levin Schücking

Lebenserinnerungen

Inhalt.

	Seite
In Augsburg	1
Karl Gutzkow	39
Ostende	72
Köln	95
Paris	115
Chr. v. Stramberg	146
Rom	165

In Augsburg.

Bald war für uns die Stunde des Scheidens von Weinsberg gekommen, und quer durch's Schwabenland, über Schwäbisch-Hall, Nördlingen und das alte Stift Ellwangen, erreichten wir Donauwörth und endlich Augsburg und seine klassischen „Drei Mohren", diese wackersten aller Heiden, welche seit Jahrhunderten so viele Wanderer gelabt und erquickt und geschirmt haben, ohne Ansehen der Person, vom großen Potentaten und Fürsten bis herab auf den zerlumpten wandernden ewigen Juden und noch tiefer, den zerlumpten wandernden deutschen Bundestag — und die heute auch dem dämonischen Zeitgeist verfallen sind. Augsburg — damit stand ich wieder einmal auf der Lebenswanderung vor einem weiteren Dioramaglase, das in eine neue Welt blicken ließ: eine gute, brave, gemüthliche Welt, voll redlicher, meist orginell angelegter und geistreicher Menschen, unter denen die markanten Idealistenköpfe so wenig als die schönsten Frauenköpfe fehlten; Männer darunter, denen seitdem wie F. List eherne Ruhmessäulen gesetzt sind, Frauen, deren Bilder in der Schönheitsgalerie König Ludwigs aufgenommen waren; und das Alles sich bewegend um eine „cinquième puissance", eine Macht im Reiche der Intelligenz, das Alles mit einer gewissen idyllischen Freiheit der Lebensformen gelagert um den Alle nährenden Quell der politischen Hippokrene: Allgemeine Zeitung.

Der Gedanke an Augsburg ist in mir zunächst verbunden mit einem ziemlich düsteren, sehr alterthümlichen Hause in der Sanct Annenstraße, in welchem ein wunderlicher alter Herr, der letzte Sproß eines Augsburger Patriziergeschlechts, allein mit einer alten Magd hauste und in dessen erstem Stock unsere junge Haushaltung eingerichtet wurde — nicht ohne einige jener schönen geschnitzten und eingelegten Renaissancemöbel, welche bei den Augsburger Althändlern für ganz unglaublich geringe Preise zu erhandeln waren. Aus einer weiten düsteren Vorhalle unten führte eine steinerne Treppe in unsere

Wohnung, welche nach der Rückseite auf einen geschlossenen Hof stieß, den ein Flügel mit einem alten Banketsaal abschloß — einem Stück siebzehnten Jahrhunderts mit Deckengemälden und ledergepreßten Tapeten und geschnitzten Armsesseln und Bücherschränken, welche in schönen französischen Einbänden die ganze Literatur der Zeiten Gottscheds und des siebenjährigen Krieges enthielten. Jene steinerne Treppe aber, von wie viel liebenswürdigen und verehrten Menschen ist sie nicht betreten worden, die uns in den bescheidenen und anspruchslosen Räumen besuchten! Da war zuerst der schwere, langsame Schritt, der Vater List ankündigte, wenn er, ein wenig keuchend wegen seiner Leibesfülle oft noch in spätester Abendstunde laut und lachend heraufkam, um seine erregten Geister durch ein Geplauder zu beruhigen. Dann Kolb, der in seiner Freundschaft für uns der Vermittler so vieler uns später theuer gewordenen Bekanntschaften wurde — der Fallmerayers, Ludwig Steubs, Heinrich Königs, Sophie Schröders und des interessanten Menschen, der unser nächster Nachbar war. Dies war der Major von Hailbronner, der mit einer wie er unverheiratheten Schwester im nächsten Hause wohnte, umgeben von mancherlei bunten ethnographischen Erinnerungen; denn er war als Verfasser von „Morgen- und Abendland", wie er sein Touristenwerk genannt hatte, gewohnt, den Mund etwas voll zu nehmen, er war nämlich ein „blagueur", so groß, wie er lang war, und ein berüchtigter Herzenbrecher. Aber ein Gesellschafter so witzig und erheiternd wie wenige. In Paris hatte er viel mit Heine verkehrt, und da er eine so überaus stattliche, in seiner Chevauxlegersuniform imponirende Erscheinung war, hatte ihm Heine, neben ihm auf den Boulevards schlendernd, eines schönen Tages ganz ernsthaft gesagt: „Hailbronner, thun Sie mir einen großen Gefallen: wollen Sie?" — „Und welchen?" — „Duelliren Sie sich mit mir . . . schießen wir uns im Bois de Boulogne!" — „Aber ich bitte Sie: Ihr Maul ist böse genug, aber mich haben Sie damit noch nicht gekränkt; wozu uns duelliren?" — „Ich meine ja auch nur zum Schein. Es würde mir ein ganz fabelhaftes Prestige geben, wenn alle Journale ein Entrefilet brächten, daß ich mit solch einem Goliath wie Sie auf die Mensur gegangen. Wir machen natürlich keinen Ernst daraus, sondern lassen hübsch die Kugeln aus den Läufen fort!" Hailbronner hatte solchen Scherz begreiflicherweise abgelehnt, aber über

einen anderen herzlich gelacht. Heine hatte ihn betrachtend
gesagt: „Hailbronner, ich wollte, ich könnte Ihnen auf
drei Wochen Ihren Körper ableihen. Dann würde ich ihn
Ihnen getreulich wiederbringen, aber wüst zugerichtet!" —
Er hat später seine Touristenfahrten durch den Orient und
Occident damit beendet, daß er als General an der Spitze
der „Strafbayern" in Kassel eingerückt ist, und ist dann
früh gestorben.

Eines Abends, zur Zeit der Theestunde, erschien Kolb
in Begleitung eines kleinen, so gebeugt und gealtert aus=
sehenden Mannes, daß ich ihn im ersten Augenblick gar
nicht erkannte, als er hinter jenem eintrat. Dann rief ich
erfreut: Lenau! aus und war doch erschrocken, ihn so verändert
zu sehen. Er hatte in den Sommermonaten sich verlobt,
hatte jetzt kürzlich ein Arrangement mit Herrn von Cotta
getroffen, das eine gewisse Gewähr für seine Zukunft ent=
hielt, und war nun auf dem Wege nach Wien, um seine
dortigen Angelegenheiten zu ordnen, dortige Verhältnisse
zu lösen — eine Aufgabe, welcher er mit schwerem Herzen
entgegengehen mochte; man weiß ja, welche Bande ihn
dort an ein edles Frauenherz knüpften; und wenn er da=
bei nicht gerade an die ähnliche Situation Immermanns

bei dessen Verlobung dachte, die Ahnung, daß ihm Katastrophen derselben Art, wie sie dieser folgten, bevorständen war ihm bei seiner tiefgründigen Natur, die zum Abwägen der Dinge ja stets nur schwere Gewichte hatte, sicherlich nicht fern! Wir redeten von den gegenseitigen Sommererlebnissen, es wurde ihm Glück gewünscht und sein projectirtes zukünftiges Heim, Frankfurt, besprochen — aber er blieb still und gedrückt und schied auch bald wieder, um sich von Kolb in seine Mohrenherberge geleiten zu lassen. Am anderen Tage sprach auch Kolb seine Besorgnisse um den innerlich so wenig glücklich scheinenden Bräutigam aus.

Ein freundschaftlicher Verkehr bestand auch mit der Familie v. Binzer. Herr v. Binzer, in seiner blühenden Jugendzeit ein begeisterter Burschenschafter, Dichter und Componist des Liedes „Wir hatten gebauet ein stattliches Haus", lebte um der Allgemeinen Zeitung willen in Augsburg: Frau v. Binzer, welche unter dem Namen Ernst Ritter sehr gute Erzählungen geschrieben und der Allgemeinen Zeitung manchen sehr hübschen Artikel geliefert hat, stand der Herzogin von Kurland und Sagan, in deren Hause sie aufgewachsen war, nahe und hatte eine Menge Beziehungen zu Wiener Kreisen: aus diesen kam öfter zu einem längeren Aufenthalt ihr Freund Zedlitz, der Dichter der „Todtenkränze" und des „Sterns von Sevilla", nach Augsburg, den sie später, als sie verwittwet in Wien lebte, aufopferungsvoll bis an sein Ende gepflegt hat. Sie war eine lebhafte, gewandte, vielerfahrene Frau und ihr belebtes Haus, das zwei schöne Töchter schmückten, ein Mittelpunkt anregender Geselligkeit. Friedrich List, dessen Haus durch eine ebenso schöne als musikalisch begabte Tochter geschmückt war, wohnte in der Nähe — seine Familie, die Kolbs, die Binzers und die unserige bildeten „von Hirten eine friedliche Gemeinde", welche an bestimmten Wochentagen regelmäßig zu Abendgesellschaften zusammenkam, und diese Gesellschaften, zu denen jeder als Gast mitbrachte, wer eben bei ihm von durchreisenden Freunden aufgetaucht, waren anregend und heiter wie keine anderen. Bei Kolb fanden wir einst Franz Liszt, öfter Fallmerayer: bei Binzer den Geheimrath von Hormair; Gutzkow hatte ich im verflossenen Herbst in Frankfurt persönlich kennen gelernt; er kam jetzt nach Augsburg und begleitete uns auch zu dem Kaffeehause, in welchem sich gewöhnlich an den Nachmittagen unser Kreis zusammenzufinden pflegte; dabei war ich höchlich über seinen psycho=

logischen Scharfblick verwundert, womit, als wir allein mit ihm heimgingen, er, der völlig Fremde, sich über die einzelnen Charaktere der ganzen Gesellschaft und ihre Beziehungen zu einander orientirt zeigte, als habe er Wochen lang mit ihnen gelebt. Gutzkows Wesen war eben ruhig, zurückhaltend, prüfend, beobachtend, wo es ihm der Mühe werth schien, zu beobachten. Er hatte nichts von der unausstehlichen Schwäche vieler berühmter oder sich für berühmt haltender Leute, unaufhörlich ganz allein reden zu wollen und dabei nur von sich selber zu reden, just als ob sie anderen Menschen gerade so wie sich selber der Mittelpunkt der Welt schienen — mit möglichst deutlichem Verrathen ihrer grenzenlosen Gleichgiltigkeit gegen Alles, was die übrigen Anwesenden betrifft, was ihre Freude oder ihr Leid bildet. — „J'ai reçu une lettre merveilleusement spirituelle de Voltaire: je vais vous lire ma réponse," sagte jener Franzose.

Doch zurück zu unserem Augsburger Kreise, der sich vielfach durch den Verkehr mit den eingeborenen Familien der großen Industriellen und der „Haute Finance" erweiterte, welche das alte Augsburg immer noch auf dem Range eines Börsenplatzes erhielten. Es herrschte unter

uns, obwohl unsere ganze Gesellschaft sich um das große
leitende Organ der Zeit gelagert hatte, doch das politische
Interesse keineswegs vor, selbst bei Kolb nicht; ihm warf
die leidige Politik, warfen die damaligen miserablen Zustände in Deutschland dunkle Schatten genug auf seinen
Lebensweg; die Censur, das Ministerium Abel, die unbe-
rechenbaren Wiener und Berliner Susceptibilitäten schufen
ihm Verdruß genug, um die Politik im geselligen Verkehr
„hintanzuhalten". Mehr davon erfüllt war schon Friedrich
List, in dessen Gegenwart denn auch oft die Rede auf
die alten Burschenschafterlebnisse und Leiden kam — hatte
doch Kolb gleich so vielen Anderen auch auf dem Hohenasperg gesessen und List da oben Wolle kratzen müssen!
Auch mir war die Politik nicht an's Herz gewachsen —
mir machte der Zustand des Vaterlandes damals einen
Eindruck völliger Unheilbarkeit, bei dem ich ebenso sehr an
einer von oben kommenden Besserung zweifelte, als mir
die von ganz unten kommende Besserung, die endlich einmal zu erwarten war, durch ihre Verfechter und Apostel
antipathisch und widerwärtig erschien. — So blieb ich
denn mit meiner Thätigkeit der Literatur treu und versuchte mich neben meinen Arbeiten für die Beilage der All-

gemeinen Zeitung in ein paar Dramen. Die Zeiten, in welchen ein junger Mensch ein paar Jahre seines Lebens auf dem Hohenasperg oder anderen festen Punkten des Vaterlandes mit weniger schönen Aussichten verlieren mußte, sind ja Gott sei Dank vorüber, die aber, in welchen er Zeit und Kraft verschwenden muß an die Herstellung einiger Tragödien in fünffüßigen Jamben oder in Shakespeare'scher Prosa, an solche schwärmerische Einleitung in die obere Tragik seines eigentlichen Lebensberufs und Lebenslaufs — diese Zeiten werden wohl nie vorübergehen!

Im Mai 1844 machte ich mit meiner jungen Lebensgefährtin eine Reise an den Bodensee, um jene Annetten von Droste zu bringen. Ich fand diese, mit der ich im lebhaftesten brieflichen Verkehr und Gedankenaustausch während all' dieser Zeit geblieben, leider sehr verändert. Ihre Gesundheit war — vielleicht hatte ich es früher bei stetem Zusammenleben nicht so wahrgenommen — doch ein gewaltig schwächliches und gebrechliches Ding: sie erfüllte mich mit tiefer Sorge. Auch machte mir ihr jetziger Aufenthalt einen melancholischen Eindruck. Sie wohnte nicht mehr in ihrem alten, doch ziemlich comfortabel eingerichteten Quartier, sondern nach ihrem Wunsch hatte man ihr ein Thurmgemach in einem anderen Gebäudetheil zu dem es nicht so viele Treppen zu ersteigen gab und wo sie in noch größerer Ungestörtheit weilen konnte, neu eingerichtet, und die Kahlheit, die weißen Kalkwände dieses noch nicht lange fertig gewordenen Raumes hatten etwas kerkerhaft Bedrückendes. Doch hatte sie alle ihre kleinen Schätze jetzt da bei einander und war mit dem Tausche sehr zufrieden. Konnte sie doch jetzt leichter hinaus zu ihrem geliebten kleinen Besitzthum, das sie unterdeß erworben und das sie mit großem Stolze uns zeigte — es war ein kleiner, oberhalb Meersburg liegender Weinberg mit einem bewohnbaren Pavillon darin, der das „Fürstenhäuschen" hieß — wunderlich roth, blau und grün war er angestrichen, dieser Pavillon; aber der „Maler" im Städtchen hatte ihn mit großem Stolz auf seine Leistung so schön decorirt, und nun konnte Annette es nicht über's Herz bringen, den ländlichen Paul Veronese mit dem Auftrag zu kränken, über seinen leuchtenden Farbenglanz einfachere Töne zu legen. Die Zeit des Zusammenseins, welche uns vergönnt war, verflog rasch — nach acht Tagen mußten wir scheiden, und der biedere alte Ritter, der nun schon fünfundsiebzig Jahre zählte, aber immer noch so geistesfrisch und frohen Muthes „auf der aeltesten burg Teutschlandes" saß und mit dem Truchseßen Ulrich von Singenberg sprach:

> „Sust heiße ich wirt und rite heim, da ist mir nit we,
> Da gesin ich von der heide und von dem gruenen kle,
> Daz solt du steten, milter Got! das ez mir iht zerge!"

credenzte uns in seinem trefflichen Meersburger 1834er den Abschiedstrunk. Dann entführte der Dampfer uns quer über den See, den Thürmen von Constanz zu, und Annette schrieb in ihrer gewölbten Kemnate unterdeß ihr schönes Gedicht „Lebt wohl, es kann nicht anders sein" (S. 117 der Letzten Gaben).

Wir sahen die Schweiz dann, begeistert von der Poesie ihrer Vergangenheit, schwärmend für die wunderbare Schönheit ihrer Natur, wieder möglichst ernüchtert von dem Theile ihrer Bevölkerung, dem als bonne prise der Tourist in die Hände fällt. Und nach Augsburg heimgekehrt, freute ich mich, nun den stattlichen Band der „Gedichte" Annettens, den sie, von ihrer eigenen Hand auf's sauberste abgeschrieben, in meine Hände gelegt und dessen Verlag die Cotta'sche Buchhandlung bereitwilligst unter guten Bedingungen übernommen, an's Licht treten zu sehen. Der Sommer verfloß rasch dabei: es wurden viele kleine Ausflüge gemacht, auch nach München, wo ich Kaulbach, der eben mit dem Carton seines babylonischen Thurmbaus beschäftigt war, kennen lernte und einen westfälischen Landsmann in ihm begrüßen durfte; und an Pilgern, die nach dem literarischen Mekka gewallfahrtet kamen und in interessanter Weise den Bekanntenkreis erweiterten, fehlte es nie: aber ich will nicht den Nomenclator so manches damals bekannten und vielgenannten und heute von tiefer Vergessenheit bedeckten Namens machen: es ist ein kurzathmiges und bröckeliges Ding, die literarische „Unsterblichkeit".

An einem nebeligen Tage des Herbstes saß ich an meinem Tische in den Redactionsbureaus mit irgend einer Arbeit beschäftigt; das Fenster vor mir bot die angenehme Aussicht auf die düstere Augsburger Frohnfeste mit ihren vergitterten Kerkerfenstern, was damals für einen in Schriftstellerei verfallenen Menschen und nun gar für eine Zeitungsredaction ein höchst zweckmäßiges Memento mori war, als plötzlich raschen und erregten Schrittes Kolb in mein Zimmer trat, einen Brief in der Hand, den er mir mit dem Ausruf reichte:

„Da lesen Sie einmal, was ich da eben unter den eingelaufenen Briefen finde! Was in aller Welt bedeutet das?"

Es war ein einzelnes großes, mit einer schönen, klaren und festen Handschrift bedecktes Quartblatt — von der Hand Lenaus, und dessen Namen stand denn auch mit großen, höchst energischen Zügen darunter. Die Schrift aber lautete:

„Nachricht für meine Braut und meine Freunde in Frankfurt a. M.

Weil keine Arznei gegen meine bedenkliche Nerven= krankheit helfen wollte, nahm ich endlich meinen göttlichen Josephus Guarnerius hervor, spielte mir einen recht frischen steyerischen Landler und tanzte, mit aller Gewalt meiner Phantasie in eine steyerische Gebirgskneipe versetzt, unter Jägerburschen und Almmenschern, wüthig stampfend, einen Tanz so lange, bis ich exaltirt und durchwärmt war. Ich bin gesund. Dies ist geschehen diesen Morgen acht Uhr in meinem kleinen Gartenzimmer des Reinbeck'schen Hauses. Eine halbe Stunde später hab' ich dem Dr. Schelling einen Walzer vorgetanzt ganz frisch und lebendig. Der Doctor kam in einer Stunde wieder und fand mich in gleichem Zustande. Mir ist unbeschreiblich leicht und wohl zu Muth, ich gehe so schnell und straff wie in meinen gesündesten Tagen. Jetzt will ich schlafen. Vivat Guarnerius!

Stuttgart, den 16. October 1844 — 10½ Uhr Morgens. Das musikalische Phantasiewunder geschah vor 2½ Stunden.

Lieber Kolb!

Das ist mir heute begegnet. Drucken Sie es schnell. Tausend Grüße und Küsse von Ihrem Freund

Nicolaus Lenau."

Solch einem wunderlichen und verblüffenden Actenstück gegenüber gab es, mit so sicheren, ruhigen und klaren Zügen und so gleichmäßig es auch geschrieben und so logisch es abgefaßt, so sorgfältig es adressirt und (mit Lenaus gewöhnlichem Petschaft, einem Schiff auf sturmgepeitschten Wogen und der Umschrift: Telle est ma vie) versiegelt war, doch nur eine Deutung. Und wir schreckten doch Beide gleich sehr vor einer solchen zurück, um so mehr, da uns wohl Lenaus Rückkehr von Wien nach Stuttgart, aber nicht seine Erkrankung bekannt war. Kolb schrieb sofort um Aufklärung nach Stuttgart; diese aber kam bereits am anderen Tage durch einen Brief von Gustav Pfizer, der bat, etwaige Zusendungen von Lenau an die Zeitung nicht zu berücksichtigen, und dabei Andeutungen über den Ausbruch der Geisteskrankheit machte, welche sich also wohl zuerst in diesem wie eine Reliquie von mir bis heute aufbewahrten Briefe ausgedrückt hat: jener Geisteskrankheit, welche Lenaus sturmbewegtes Lebensschiff endlich in den Hafen eines Irrenhauses treiben und darin so herzbrechend elend versinken lassen sollte.

Es war nicht anders möglich, als daß sich durch den täglichen Umgang mit Männern wie Gustav Kolb und Friedrich List mein Blick in's Leben und mein politischer Sehkreis unendlich erweiterte. Vor Allem durch Kolb, dessen Idealismus der stärkere, dessen gemüthvollere Natur auch den Seiten des Menschenlebens ein Verständniß entgegenbrachte, für welche List das eigentliche Organ fehlte und für welche er kein Interesse hatte. List war dagegen sprudelnder, genialer in seinen Einfällen, denen er stets ein lautes, herzliches Lachen folgen ließ, just wie jener Richter Bueren, der unruhige Gast, den ich bereits genannt habe und an den List mit seiner ganzen Erscheinung und seinem ganzen Wesen mich erinnerte. Und so wirkten Beide um so mehr auf meine Anschauungen ein, da sie so ziemlich vom selben politischen Credo waren — im Grunde, trotz allen liberalen Vorkämpferthums, conservative Naturen, lebendiger von dem nationalen Einheitsgedanken als von dem Freiheitsgedanken durchglüht und Beide wohl auch des stillen Glaubens, daß die Menschheit nur durch ihre geistige Aristokratie weiterkommt, daß die politischen Formen, in deren Werth und Alles entscheidende Bedeutung sich die halbe Bildung verbeißt, für das Glück der Menschheit nicht ausschlaggebend sind und daß jedenfalls die Herrschaft dieser halben Bildung das Schlimmste von Allem ist. — In den orientalischen Dingen, in Allem, was das „illyrische Dreieck" und den „am Bosporus liegenden Schlüssel zur Weltherrschaft", was „Swätoslav und seine byzantinischen Begierden" anging, war Fallmerayer, dessen „Fragmente aus dem Orient" damals in der „Allgem. Zeitung" erschienen, die leitende Autorität, obwohl Kolb ihm oft große Stellen in seinen Aufsätzen streichen mußte, worüber dann der langsam und bedachtsam arbeitende, an der Facettirung seiner stilistischen Juwelen lange polirende Gelehrte in magistralen Zorn gerieth. Aber was half es ihm — die Censur war eine vis major,

und sie sorgte schon dafür, daß eure schönsten Gedanken
für die Hunde waren . . .

> „Das war die Rede, die ich hielt
> Ganz ohne Vorbereitung.
> Verstümmelt hat Kolb sie abgedruckt
> In der Allgemeinen Zeitung,"

heißt es ja auch schon in Heines „Wintermärchen".

List dagegen, der in Augsburg ein wöchentlich er=
scheinendes Zollvereinsblatt redigirte, übte in staatswirth=
schaftlichen Fragen einen bestimmenden Einfluß auf Kolb
und die Richtung der „Allgemeinen Zeitung" aus, um so
mehr, als Kolb sich schon früher auf demselben nationalen
Standpunkt mit seinem Landsmann befunden hatte, bevor
List nach mancherlei Schicksalen nach Augsburg gezogen
war. Und nun war es doch ein wunderlich zusammen=
gespanntes Paar schwäbischer Landeskinder, welches hier
an einem Strange zog. Tiefgründige Naturen waren sie
Beide, und Beide Idealisten, wenn auch List sich mit dem
realen Leben beschäftigte und mich bei der ersten Begegnung
mit ihm fragte, wie viel in Westfalen die Butter und die
Eier kosteten, was ich ihm absolut nicht beantworten konnte! ·
Er schaute eben doch auf diese realen Dinge von den

höheren Standpunkten aus, auf die sich nur der Idealist heben kann, er durchflocht seine praktischen Folgerungen daraus mit großen und weittragenden Ausblicken und Ideen. Der Kern und letzte Gedanke all' seines Mühens und Strebens für das „nationale System der politischen Oekonomie" aber war die Leitung des deutschen Volkes zur Freiheit und Einheit auf einem anderen, praktischeren Wege als die sämmtlichen bisher eingeschlagenen. Und dieser Gedanke war ein von Haus aus echt transatlantischer, er hatte ihn von jenseits des Meeres, aus der Verbannung in Amerika mitgebracht, und mit einem englischen Sprüchwort drückte er ihn am liebsten aus. Das Sprüchwort heißt: „An empty bag cannot stand upright." Wir drücken es mit „Gut giebt Muth" aus. List exemplificirte schon an den Bauernkriegen, daß die wachsende Wohlhabenheit der Landbevölkerung im 16. Jahrhundert den Bauer, der so lange das drückendste Joch geduldig ertragen, zur Erhebung und zum heroischen Kampfe für seine Emancipation gebracht. Er wollte den Nationalwohlstand gehoben, durch eine weise Schutzpolitik vermehrt sehen; mit der deutschen Armuth sah er die deutsche Duckmäuserei, das deutsche Angstphilisterthum, das deutsche Wolkenkukuksheim schwinden, und so war seine Parole „Durch Wohlstand zur Freiheit", sicher dabei, daß die so errungene Freiheit eine auf sichere feste Basen gegründete sein würde, denn das Capital läßt nicht mit sich scherzen und ist von zäher Widerstandskraft.

In der Unterhaltung war List in hohem Grade fesselnd und anregend; er steckte voll guter Einfälle und Geschichten und liebte zu plaudern und zu lachen; war auch nicht gerade sehr empfindlich, wenn er geneckt und aufgezogen wurde — nur mußte es nicht just mit seinem amerikanischen Omnibusabenteuer sein. Eines schönen Tages in den Vereinigten Staaten — so erzählte Kolb, der es in einem amerikanischen Blatte gefunden — war eine Gesellschaft von vierzehn Personen in einem Omnibus über Land gefahren und in menschenleerer Gegend von einem mit einem Schießgewehr bewaffneten Räuber angefallen worden; dieses verbrecherische Individuum hatte gefordert, daß die Gesellschaft bocc' a terra mache, als sei man in der Gegend von Terracina, und in der Angst vor seinem verderblichen Schießgewehr hatten alle vierzehn Fahrgäste sich dem unterworfen und sich ausplündern lassen. Kolb wollte nun sichere Indicien haben, daß ein in dem Berichte eine hervorstechende Rolle spielender „fat German gentleman"

Niemand anders als sein verehrter nationalökonomischer Freund gewesen sei, was dieser jedoch, wie gesagt, nicht weiter erörtert zu sehen liebte. — In Kolbs reizbarer capriciöser, nach innen lebender Natur war mehr als in dem kosmopolitischen List der Schwabe ausgesprochen; es war ein vielbrähtiges Garn, diese Natur, die nicht leicht zu durchschauen war; auf dem Grunde derselben lagen eine goldene Treue und Ehrlichkeit, eine unendlich warme Vaterlandsliebe und ein großer Seelendurst nach Poesie; darüber lag ein Anflug von Humor und von Sentimentalität; und zu dem allen kam eine große Anspruchslosigkeit; es war keine Spur von Ueberhebung oder eitlem Größenwahn in dem mächtigsten und einflußreichsten Journalisten des damaligen Deutschlands. Er hat seine Stellung nie zu dem allergeringsten persönlichen Vortheile ausgebeutet; er hat nur wie ein geduldiger Kreuzträger alle Widerwärtigkeiten, alle Fehden, die mit der Leitung solch einer Zeitung verbunden waren, auf sich, ganz allein auf seine überbürdeten Schultern genommen. Seine Reizbarkeit hat ihn dabei unendlich viel leiden gemacht, namentlich zur Zeit des philosophisch-politischen Rohmer-Schwindels, als die jetzt verschollenen, einst in Süddeutschland und der Schweiz viel Staub aufwirbelnden Windhosen Friedrich und Theodor Rohmer in der „Allgemeinen Zeitung", die sich ihrem Gallimatthias verschloß, durchaus ein Organ finden wollten. — Der liebenswürdigste Zug in Kolb war seine geistige Elasticität. Die geistverwüstende Redacteurthätigkeit, die er so viele Jahre hindurch geübt, alles Wichtigere selbst thuend, selbst erledigend, nicht die geringste Verantwortlichkeit auf Anderer Schultern legend, hatte ihm dennoch nichts geraubt von seiner Herzenswärme und seinem immer regen und lebendigen Interesse für alles Gute und Schöne; es war wie eine ewige Jugend in ihm. Kolb war ein unbedingter Bewunderer Leopold von Rankes und wußte, wenn nicht gerade etwas seine patriotische Wärme, sein deutsches Gefühl bis zum Hitzegrade brachte, die Dinge mit der kühlen Objectivität des großen Meisters der Historik zu nehmen; so war er der schwierigen Aufgabe gewachsen, die eigene Anschauungs- und Empfindungsweise schweigen zu lassen, wenn er auf der kleinen Weltbühne, deren Regisseur er war, die Vertreter einzelner Richtungen auftreten und sich aussprechen — und Manches auch nicht aussprechen ließ; so verstand er es auch, nur selten und mit allem gebotenen Maß sich die Befriedigung zu gewähren, aus den Coulissen hervorzutreten, um einmal unverblümt eine Parabase zu sprechen. Es gehörte in der That Selbstverleugnung dazu, und ein Mann aus der Schule Schlossers hätte es nicht vermocht, so, statt als Herold einer Idee und als Apostel einer ganz bestimmten Ueberzeugung einer Zeit voranzuschreiten, eigentlich nur den Schleppträger einer Zeit zu machen und auch in bewegten Tagen, inmitten aufregender Ereignisse, an dem Programm der „Allgemeinen Zeitung" festzuhalten, daß sie, unparteiisch und mit gleichem Maß für alle ideal berechtigten Richtungen, nur „dem Jahrhundert und Körper der Zeit den Abdruck seiner Gestalt" zeige. Aber Kolb hat es verstanden, diese Aufgabe so gut zu lösen, wie sie ein Mann von einer bestimmten Gesinnung, bei dem doch Objectivität immer etwas nur annäherungsweise Erreichbares bleibt, lösen konnte. Er verstand es dazu, mit unerschöpflicher Geduld und Elasticität des Geistes das ihm anvertraute Schiff durch alle die zahllosen Klippen, die ihm drohten, zu steuern — durch die Scylla der Berliner, die Charybdis der Wiener Rücksichten zu segeln, gegen den Wind, der von München, von Frankfurt, von Stuttgart blies, zu laviren. Und als endlich, endlich die Lage der Dinge in Deutschland sich änderte, als die Presse endlich ein freies, offenes Meer vor sich sah und nun geradeaus steuern konnte nach Herzenslust — da hatte durch langer trüber Jahre Gewohnheit der arme Kolb sich das Laviren so zur anderen Natur gemacht, daß er sich in geraden Cours nicht mehr fand und das Steuer bald seiner müden Hand entsank. Sein Gehirn erlahmte und wurde krank, und endlich stand auch das brave Herz still, nachdem es von harten Schicksalsschlägen betroffen.

Kolb hat nie etwas Anderes geschrieben als in seiner Zeitung seine anonymen Leitartikel und seine Glossen zur Zeit- und zur Tagesgeschichte; und wie diese nicht, so konnte ihn auch die in ihrem stillen Arbeiten und in ihrem selbstverleugnungsvollen Walten sich dem Auge der Welt entziehende Redactionsthätigkeit nicht bekannt machen; er ist trotz aller seiner seltenen vielseitigen Kenntnisse und seiner Verdienste im großen Ganzen der Welt unbekannt geblieben. Und doch haften meine Erinnerungen an seinem Namen; es wird mir schwer, von dieser Gestalt, die heute Niemand mehr kennt und die einst über ein ganzes Stück Literaturwelt regierte, die Gedanken loszureißen und zu anderen überzugehen, von denen keine wieder in gleichem Maße und trotz so mancher großen Verschiedenheit der Ansichten und Ueberzeugungen mein treuer und lieber Freund geworden ist.

Von tiefer Schwermuth umschattet, nicht zu trösten über den Verlust des Liebsten, was er auf Erden besaß, seines einzigen Kindes, ist Kolb aus der Welt geschieden. Noch vor ihm hat Friedrich List, dessen Ende unseren damaligen Zuständen ein wahres Schandmal aufprägt, die Welt, und zwar freiwillig verlassen. Kolb schrieb mir darüber am 6. December 1846 nach Köln, wo ich damals schon lebte:

„Lieber Freund!

„Alle unsere Gedanken sind durch Lists Tod in Anspruch genommen. Er verließ etwa am 20. oder 21. November Augsburg, indem er seiner Familie blos sagte, er wolle sich in München etwas erholen. Bald erhielt sie aus Tegernsee einen Brief, er gehe nach Meran. Ich war erschüttert, die Familie fand noch nichts Außerordentliches an dem Entschluß. Plötzlich erhalte ich aus Kufstein vom 1. December einen Brief von dem dortigen Postmeister: List hatte dort vier Tage meist im Bette zugebracht, war am 30. November Morgens 6 Uhr mit Zurücklassung seiner Effecten fortgegangen; als man Nachmittags das Zimmer erbrach, fand sich ein offener Brief an mich, dessen Schluß auf seine Absicht deutete, bei seiner zerrütteten Gesundheit und seiner aussichtslosen Lage aus dem Leben zu scheiden. Etwas über 300 fl. in Banknoten u. s. w. lag darunter. List selbst wurde überall, zuletzt von fünfzig Personen gesucht und endlich am dritten Tage in einem Graben gefunden, er hatte sich mit einem Pistolenschusse das Leben genommen. — In seinem Briefe an mich sagte er: vier Tage lang habe er jeden Tag mit sich gekämpft, ob er nicht nach Augsburg rückkehren solle; er sei auch wirklich von Schwaz zurück nach Kufstein gekommen, da aber in dem furchtbaren Wetter, wo ihm alles Blut nach dem Kopfe ströme, erfasse ihn die Verzweiflung! Sie erhalten morgen eine Abschrift des Briefes an mich. Seine Frau habe ich gestern erst unterrichtet. Es war eine Scene furchtbaren Jammers. Jetzt ist sie ruhig, halb von den Gedanken getröstet, daß Lists Zukunft eine schreckliche hätte werden können, denn leider zeigten sich wieder Spuren, daß seine Abspannung abermals in die vorjährige Geistesstörung übergehen konnte.

„Sie werden erschüttert sein gleich mir. Morgen mehr! Ihr G. Kolb."

Aus dem Briefe Lists selbst, den ich am anderen Tage erhielt, ging hervor, daß er, der in seiner Melancholie die Verhältnisse schwärzer und unheilvoller gesehen, als sie waren — daß er mit einem Gedanken edelster Aufopferung für die Seinen aus dem Leben geschieden. Da er seine Arbeitskräfte von sich gewichen fühlte, hatte er durch seine unfruchtbare Existenz das Erbtheil nicht schmälern wollen, welches jetzt den Seinen blieb und das durchaus nicht ganz unerheblich war!

Ich war natürlich durch dieses entsetzliche Ende Lists um so tiefer erschüttert, als ich ihn noch im verflossenen Sommer wohlauf und hoffnungsvoll in Köln bei uns gesehen — auf der Reise nach London; von London auch die heitersten Briefe von ihm erhalten; er hatte den Plan gefaßt, ein in Köln erscheinendes Handelsblatt anzukaufen und nach Köln überzusiedeln, und war darin bestärkt worden durch Bunsen, bei dem er in London, wie er schrieb, die allerherzlichste und wärmste Aufnahme gefunden.

Dies Project war dann, als er von London zurückkehrte, von anderen verdrängt worden; und nichts hatte uns damals ahnen lassen, daß schon nach wenig Monaten dieser ewig rege, sprudelnde, ideenreiche, edle Geist in einer solchen Katostrophe enden würde!

*   *   *

Zu den Menschen, die aus den Augsburger Tagen am lebhaftesten in meiner Erinnerung stehen, gehört Philipp Jakob Fallmerayer, dieser deutsche Gelehrte, der zugleich ein Stilist war, wie es bis heute doch wohl wenige andere deutsche Gelehrte gewesen sind, der dabei eine so glänzende Bestätigung des Buffon'schen „Le stile c'est l'homme" bildete, daß ich heute noch keine Zeile von ihm lesen kann, ohne dabei seine Gestalt vor mir zu sehen und zu glauben, ich höre die Worte von seinen Lippen gesprochen, von ironisch lächelnden Lippen, mit leisem Lispeln, mit harmlos spöttischem Blinzeln der klugen Augen und mit seiner Art von sarkastischer Demuth, mit welcher er Alles nur bescheidentlich, nur wie es eurer Billigung unterbreitend aussprach, während er im Stillen sich zu moquiren schien über euch und über die Welt. — Am Ende, wer konnte es ihm übel nehmen, wenn er sich über die Welt moquirte! Klüger als ein großer Theil der Welt, die ihn umgab, war er doch nun einmal, und auf seinen einsam träumenden Wegfahrten im Orient hatte er auch wohl Eindrücke genug in sich zu verarbeiten gefunden, welche nicht geeignet waren, seine Hochachtung vor dem Geschlecht der Sterblichen bis zur Unterdrückung der ihm angeborenen satirischen Ader zu steigern. Er war ein mittelgroßer, kräftig gebauter Mann, mit schwarzem, kraus sich lockendem Haar und gebräunten markanten Zügen; hätte er Kaftan und Fez getragen, so würde er gar keinen üblen Türken abgegeben haben; sein innerliches Orientalenthum aber, die beschauliche Ruhe, womit er den Weltlauf betrachtete und keine ehrgeizigen Ziele darin erstrebte, war ihm doch wohl nur durch die Verhältnisse und die in München herrschenden Gewalten auferlegt. — Ein Mann, welcher sich über „Fabius Egnatius Tartuffius" und über „Swätoslaw" aussprach wie Fallmerayer in der Vorrede zu seinen „Fragmenten aus dem Orient", konnte es in „Derwischabad" unmöglich zu Stellung und Ehren bringen! Und doch war er gegen diese nicht unempfindlich — mit einem von Selbstironie durchtränkten schmunzelnden Behagen zeigte er mir, als ich ihn später 1848 in Frankfurt als Parlamentsmitglied wiedersah, das Diplom des Nischan Iftichar, welches ihm der Sultan ertheilt hatte und worin er als eine weitstrahlende Leuchte der Wissenschaft, als ein über dem Lande der Niemetz glänzender Stern gelehrter Erleuchtung gepriesen wurde. — Ich weiß nicht, ob dies orientalischer Redepomp war oder der Sultan sich so in seinem Lobe des baierischen Privatgelehrten erhitzt hatte, weil er ihn an den rebellischen Hellenen gerächt; aber jedenfalls ging daraus hervor, daß Fallmerayer nicht persona ingrata bei der Hohen Pforte gewesen wäre, wenn man ihn wirklich, wie damals beabsichtigt wurde, als Gesandten des deutschen Reichsverwesers nach Constantinopel geschickt hätte.

Fallmerayers mit so viel Scharfsinn und Gelehrsamkeit vertheidigte These: „Das Geschlecht der Hellenen ist in Europa ausgerottet . . . auch nicht ein Tropfen echten und ungemischten Hellenenbluts fließt in den Adern der christlichen Bevölkerung des heutigen Griechenlands . . scythische Slaven, illyrische Arnauten, Kinder mitternächtlicher Völker u. s. w. sind die Leute, welche wir heute Hellenen nennen und in die Stammtafeln des Perikles und der Philipömen hinaufrücken" — diese These, die anfangs vom philhellenischen Europa mit Entrüstung angehört, dann von höchst unzulänglichen Kräften bekämpft wurde, hat sich nach und nach allgemeine Geltung errungen. Heute freilich hat eine neuere Untersuchung der Frage (namentlich durch C. Hopf in Ersch und Grubers Encyklopädie) herausgestellt, daß Fallmerayers These doch, so uneingeschränkt wie ausgesprochen, nicht wahr ist, daß sich auf den Inseln, in festen Küstenstädten sicherlich althellenisches Blut erhalten hat, daß wenigstens die Verwüstung von Hellas und Morea im vierten bis siebenten Jahrhundert nicht so alles nationale Dasein erstickend, mit den Wurzeln ausreißend gewesen, wie Fallmerayer annahm. Dies nimmt aber der Bedeutung Fallmerayers sehr wenig. Liegt doch seine bleibendste Bedeutung in seinem Stil, in diesem fein ironischen Ausdruck der edelsten Geistesaristokratie, in dieser humoristischen Gewandung des reizbarsten ästhetischen Empfindens, in diesem Muster vernichtender und doch so edel maßvoller Polemik. Darin, in der Schönheit der Form, zu der es der arme Hirtenbube von Tschötsch in Tirol gebracht und die er in der Schule der deutschen Gelehrsamkeit wahrlich nicht lernen konnte, liegt seine Bedeutung, und in dem Einfluß, den er dadurch auf eine Schule Münchener Stilisten geübt hat, die von ihm profitirten und deren bedeutendster, noch viel zu wenig anerkannter Vertreter heute Ludwig Steub ist.

Ich habe mit Fallmerayer zuletzt im Sommer 1855 in München verkehrt. Damals weilte er gewissermaßen noch immer „im Lande der Ungläubigen". Man hatte ihn im März 1848 schnell zum Professor an der Münchener Universität ernannt und ihm den Katheder von — Görres verliehen! Aber da er, zum Frankfurter Parlament erwählt, mit diesem im Drange harmloser Beschaulichkeit nach Stuttgart gewandert war, hatte die akademische Hochsitzherrlichkeit bald ein Ende gefunden; er hatte sich darauf zu seiner Sicherheit in die Schweiz verzogen und war infolge einer Amnestie zurückgekehrt, jetzt wieder nichts als ein Professor in partibus infidelium.

Er war ein wenig grau geworden, war resignirt und als letztes Ziel des Weltlaufs und Wettlaufs bethörter „Staatsgedanken" sah er noch immer die Lanze des Kosaken. Als ein vereinsamter Mann, in den Armen seines treuen Freundes G. Thomas, ist er dann 1861 gestorben, nachdem ihm Platens Wort als Lebensmotto gedient:

Mir, der ich bin ein wandernder Rhapsode,
Genügt ein Freund, ein Becher Weins im Schatten
Und ein berühmter Name nach dem Tode.

Eine fernere liebe Erinnerung aus jener Zeit ist mir der Verkehr mit einer kleinen grauhaarigen und dunkeläugigen Frau, mit Zügen, welche durchaus nichts Distinguirtes hatten: von der man allerhöchstens einräumen mochte, daß sie in ihrer Jugendblüthe „La beauté du diable" gehabt, denn ihr Gesicht war knochig und ihre Nase zu kurz, um wohlgeformt zu sein: einer energischen kleinen Dame, von der man jedoch, wenn man ihr absolut natürliches Wesen, ihre schlichte Weise zu reden und sich zu geben sah, am allerletzten dachte, daß sie je eine berühmte Schauspielerin gewesen. Und doch war sie Schauspielerin gewesen, ja in den ersten drei Jahrzehnten des Jahrhunderts die deutsche Tragödin par excellence, denn sie hieß Sophie Schröder. Sie war fast eine Landsmännin, denn sie war im Kernstück Westfalens, in Paderborn, geboren — freilich als die Tochter eines wandernden Schauspielers, der Bürger hieß. Und aus diesem Geburtslande hatte sie das Schicksal auch sehr bald zu allen möglichen, im Ganzen wenig zu westfälischer Art und Weise stimmenden Lebensperipetien hinausgeführt, von denen sie gar zu gern erzählte. Jetzt im Hafen der Ruhe angelangt, bei einem Sohne wohnend, der als baierischer Offizier in Augsburg stand, erfreute sie sich des Rückblicks auf ein Leben von damals zweiundsechzig Jahren, welches für sie so viel länger gewesen, weil sie es so früh begonnen. Denn schon mit vierzehn Jahren hatte sie sich verheirathet, ich glaube, in Reval, mit einem aus den Rheinlanden stammenden Schauspieler Stollmers, der eigentlich ein recht guter Jurist war, aber ein sehr mäßiger Tragöde und ein sehr unvernünftiger Gatte für die blutjunge Frau. Sie hatte ihm einen Sohn geboren, dann hatten sie sich getrennt; er war mit dem Sohne in seine Heimat zurückgezogen, um den Thespiskarren mit einem Actentisch und den angenommenen Namen Stollmers wieder mit dem richtigen Smets zu vertauschen. Der Sohn war ein katholischer Geistlicher, ein Dichter geworden und Wilhelm Smets mir ein guter Bekannter vom Rhein her, wo ich ihn in Köln kennen gelernt; das brachte mich zuerst mit der Mutter in Berührung, und wir sahen sie nicht selten, auch dann und wann in den Abendstunden, obwohl sie sehr zurückgezogen lebte, in kleiner Gesellschaft bei uns. Ausführlich erzählte sie mir auch von der wundersamen Art und Weise, wie sie diesen Sohn kennen gelernt. Ohne alle Kunde von ihrem Erstgeborenen, hatte sie ihn längst als Kind gestorben geglaubt — bis sie eines Tages in Wien in einem jungen Manne aus den Rheinlanden, der sich bei ihr einführen ließ, um ihr seine schwärmerische Begeisterung für ihr Spiel auf dem Burgtheater auszudrücken, mit dem sie sich dann harmlos unterhalten, im Verlaufe des immer betroffener, immer forschender werdenden Gesprächs ihren verlorenen Sohn entdeckt. Es ist unlängst eine sorgfältig ausgearbeitete Biographie von Wilhelm Smets von J. Müllermeister in Aachen, wo Smets als Stiftsherr gestorben ist, erschienen — sie enthält das Nähere über die Beziehungen von Mutter und Sohn, der keine schöpferische, aber eine „anempfindende" enthusiastische Natur war und dessen Trauerspiel „Tassos Tod" bei H. Heine eine sehr ausführliche und sehr überschätzende Besprechung gefunden hat. (S. Heines Werke XIII.) Aber auch von ihrer berühmteren Tochter Wilhelmine (Schröder-Devrient) war es in hohem Grade interessant, die Mutter reden zu hören — von diesem großen, von Allen, welche sie sahen und hörten, so bewunderten, von Allen, welche sie näher kannten, so schwärmerisch verehrten Talent; es war ein Genuß, sie z. B. schildern zu hören, wie einst Wilhelmine das „Widum" des Pfarrer gewordenen Bruders auf dem Lande mit ihrem Besuche in Aufregung gebracht, mit Koffern, Schachteln, Zofen — und heiterstem Leben erfüllt, und dann im schlichten Dorfkirchlein, in welchem ihr Bruder Wilhelm als Priester officiirt, am Sonntagmorgen die armen Bäuerlein hingerissen durch den Gesang, womit sie, vom Altare verborgen, die Messe ihres Bruders begleitet. Und gern auch erzählte sie von ihren spannenden Hamburger Erlebnissen 1813. Am ergötzlichsten wurde sie jedoch, wenn sie zu reden kam auf ihre dritte Verheirathung mit dem Otto von Wittelsbach=Darsteller und Donnerer Kunst, den sie, wie sie sagte, nach wenigen Wochen wieder „zum Hause hinausgeworfen hatte". Das Anziehende an der originellen Frau war der schöne Idealismus, den sie sich gewahrt hatte, dem stets mehr die Sache als das Ich am Herzen gelegen zu haben schien — und eine gewisse innere Seelenhoheit, die sie ihren Hauptrollen, der Isabella in der Braut von Messina und der Sappho innerlich so ver= wandt scheinen ließ, wie sie andererseits nichts von einer Verwandtschaft mit dem Naturell einer „Schauspielerin" hatte. Ihre Größe lag eben in der Tiefe wahrer Leidenschaft, die sie erschütternd darstellen konnte. — Ich habe Sophie Schröder später noch wiedergesehen. In Köln auf der Straße eines Tages ließ eine lebhaft mir entgegenkommende kleine Frau mir eine herzhafte Umarmung angedeihen — es konnte nur Frau Sophie sein. Sie bebesuchte von Zeit zu Zeit im Sommer ihren ältesten Sohn, den poetischen früheren Pfarrherrn in der Eifel und jetzigen Stiftsherrn in Aachen, und wir sahen sie dann jedesmal in Köln bei uns vorsprechen. Sie war damals ja auch erst in den Sechzigern, geistesfrisch und rüstig. Mit achtundsiebzig Jahren trat sie auf den Wunsch des Königs Max II. noch einmal auf die Münchener Bühne, das Lied von der Glocke vorzutragen — es war zum Schillerfeste 1859; und mit siebenundachtzig Jahren — 1868 — ist sie in München gestorben.

Aber genug von diesem Capitel, welches die Ueberschrift „In Augsburg" führt. Ich könnte noch so manche Namen nennen, manche Gestalt zeichnen von Menschen, die dort zuerst mir mehr oder weniger nahe traten — vor Allem Heinrich König, den sinnigen, vom Leben geprüften Mann, und Herrmann Marggraff, den guten, weichen und so reich begabten Menschen, der im Leben so scheu war und mit der Feder so tapfer stritt: den originellen Altenhöfer, den zweiten Redacteur der Zeitung, diesen incarnirten Sarkasmus, mit dem Kolb ewig auf dem Fuße des Schmollens stand — aber Alle sind sie dahin, und es gilt nun Abschied zu nehmen von all' diesen erloschenen Lichtern, diesen verglühten Fackeln, die doch alle mit dem Glanz ihrer Intelligenz und mit der Wärme edlen Willens in einem Kreise, der sie liebte und verehrte, geleuchtet haben. Wenn man alt wird, wird das Leben wie ein Charfreitagsgottesdienst in der Sixtinischen Capelle; man sieht Lichter erlöschen, eines nach dem anderen; es wird dunkler und dunkler um uns, und was man um sich her vernimmt, sind Lieder der Trauer und der Klage, die zu der hohen Decke aufschwellen, an der man die Propheten und Sibyllen, die Gestalten biblischer Mythologie, alle diese Gebilde einer von unserer Jugend gläubig verehrten transscendentalen Welt sich immer spurloser in Nacht und Dunkel verlieren sieht.

Karl Gutzkow.

Als der zweite Winter, den ich in Augsburg verlebte, vorüber und nun der Sommer mit sehr heißen Tagen gekommen war, lockte er uns aus dem schattigen alten Patrizierhause in der Sanct Anna-Straße in die sonnige Welt hinaus, und wir entschlossen uns, in ein Seebad zu gehen. Die Wahl fiel auf Ostende, wohin auch Kolb seine Schritte lenken, auch Heinrich König sich begeben wollte. Im gemietheten „Zauberer"wagen rollten wir also durch endlose Obstbaum-Alleen auf stillen Chausseen Anspach und Würzburg zu — es war eine grimmige Hitze, und das geduldige Büblein, das mit seiner Bonne mit uns reiste und sinnig die sich ihm erschließende wunderliche weite Welt anschaute, hatte viel bösen Staubes zu schlucken. In Frankfurt angekommen, ging ich Karl Gutzkow aufzusuchen, der auf dem Hirschgraben schräg dem Goethehaus gegenüber wohnte, und fand ihn in seiner Familie, neben seiner anmuthigen und liebenswürdigen Frau. Er kam mir mit großer Wärme entgegen — die kühle Zurückhaltung, die bei unseren ersten Begegnungen geherrscht hatte, war geschwunden, und ich sah, daß sich auch eine Gemüthswärme bei ihm äußern könne, die ich ihm früher gar nicht zugetraut hatte. Ich hatte in den „Ergänzungsblättern zur Allgemeinen Zeitung" bei Gelegenheit der ersten zwölfbändigen Sammlung seiner Schriften eine ausführliche Charakteristik seines Wesens und Schaffens zu geben versucht, die ihn erfreut hatte und für die er mir in den lebhaftesten Ausdrücken dankte. Um so mehr hatte sie ihm wohlgethan, als schon damals eine ziemlich starke „Hetze" wider Alles, was Karl Gutzkow schrieb, in Schwung zu kommen begann — jene Hetze, die nach und nach seinen Verfolgungswahn ausbildete, dessen Keim schon viel früher in ihm lag, Jahre lang, bevor er zu einer unseligen Katastrophe führte.

In der That ging die Art, wie man ihn behandelte und auch für seine wirklich großen und rühmlichen Schöpfungen oft statt der Anerkennung nur Verdammung hatte, über das so oft von ihm herausgeforderte Wiedervergeltungsrecht weit hinaus; und sein Unglück dem gegenüber war ein doppeltes. Er ist nie ein eigentlich populärer Schriftsteller gewesen, dem es möglich geworden, auf eine Schaar, ein Heer zahlreicher Bewunderer und Verehrer gestützt, der Journalkritik trotzen zu können, etwa in der Art, wie es Roderich Benedix konnte, der, wenn seine biederen Dramen schlecht gemacht wurden, ganz vergnügt auf die Rechenschaftsberichte am Ende der Theaterjahre hinwies, wonach Roderich Benedix zweimal öfter als Shakespeare, dreimal öfter als Schiller und siebenmal öfter als Goethe aufgeführt war. Gutzkow wurde nicht von der Menge getragen, und während ihn dies ohne Rückhalt und Reserve ließ, zog er selbst in seine kritischen Fehden hinaus, ohne das aes triplex circa pectus, ohne die Rüstung, die jeder Kämpfer haben muß: die harte Haut eines public character. Er hatte die verletzliche Epidermis eines jungen Mädchens. Jeder Nadelstich schmerzte ihn. Und dann kam noch etwas hinzu, um ihn zu dem innerlich unglücklichsten Menschen von Allen zu machen, mit denen ich je näher bekannt geworden bin. Er war glücksunfähig. Es lag nicht in seinem Charakter, zufrieden zu sein. Hätte das Leben ihn auf eine Höhe gestellt, wie Papst Leo X., er würde sich geärgert haben über die Anmaßung seiner Cardinäle, über die Grobheit Michel Angelos und über den Lebenswandel Rafaels. — Er ging ganz und völlig auf in den literarischen Interessen, in der Literatur, dahinter trat nach und nach auch seine politische Theilnahme völlig zurück. — Für die Kunst hatte er nie ein rechtes Organ gehabt; ein Freund, der mit ihm zusammen in Rom war, sprach sich gegen mich verwundert darüber aus, wie kalt ihn die Welt der alten Denkmale gelassen. So stets mit all' seinem Dichten und Trachten inmitten des ewig gährenden Processes, des Ringens und Kämpfens der literarischen Entwickelung stehen bleibend, kam er nie zum ruhigen Genuß des Daseins, verstand er es nie, bei einer anders gearteten Thätigkeit, bei einer verschiedenen Bethätigung menschlichen Beschäftigungstriebes — und wenn auch nur als Sammler, als Thier- oder Blumenfreund, oder auch nur als guter Gesellschafter hinter der Flasche — sich zu erholen und alle Misère zu vergessen; und in der Weise, wie er sich mit dieser Misère herumschlug, lag ein Zug von Kleinlichkeit, während sein Hauptjammer doch der war, daß durch unsere Literatur nicht mehr ein großer Zug gehe. Er wäre unser größter, scharfäugigster Kritiker gewesen, wenn er verstanden hätte, auch lebende Zeitgenossen anzuerkennen. Das aber ging wider sein Naturell — aus seinen Gesprächen erinnere ich mich nur, daß er mit großem Wohlwollen und Achtung von Leopold Kompert sprach; auch von Karl Frenzel — ferner von Rehfues, dessen „Scipio Cicala" ihm aus der Jugendlecture als ein gutes Buch vorschwebte; hätte er es einmal wieder gelesen, würde es ihm doch wohl ein wenig hölzern vorgekommen sein. Aber ernst und grundehrlich hat er es mit der Literatur gemeint, und Niemand hat jemals mehr als er den Muth seiner Meinung besessen: den Muth der aufrichtigen Meinung, daß so ziemlich Alles, was seine Zeitgenossen hervorbrachten, nicht viel werth sei und unnütz vor dem Herrn. In einem fast komischen Gegensatz dazu stand dann wieder sein Zorn, daß die zunftgerechte Literaturgeschichte mit Goethe und seiner Zeit abschließe.

Was aber seine eigenen Schöpfungen angeht, die Macht und Größe seiner Gestaltungskraft und den sprudelnden Reichthum seines Geistes, so hat man ja längst begonnen, ihnen gerechter zu werden, und die Nachwelt wird es noch mehr werden; seine Urtheile über viele seiner Zeitgenossen werden vielleicht einst eine Ratificirung finden, welche man ihnen heute noch nicht gewährt. Und jetzt.

wo er todt ist und auf so erschütternde Weise aus dem Leben geschieden, freue ich mich, in Beziehung auf ihn ebenfalls stets den Muth meiner Meinung gehabt zu haben, die seine größeren Arbeiten hoch stellte und dies, wo sich Gelegenheit dazu bot, aussprach. Persönlich habe ich wenig und nur auf kurze Zeit mit Gutzkow verkehrt, während doch unser seit 1838 begonnener Briefwechsel, anfangs sehr lebhaft gepflogen und dann Jahre lang erlahmend, nie ganz aufhörte. Nach jenem Besuch in Frankfurt traf ich Gutzkow zuerst wieder, als ich im Frühjahr 1846 von Köln aus Paris zu sehen ging. Ich fand ihn im Hotel Bergère in der Cité Bergère, wo er in einem ruhigen Quartier, wie es so nahe den Boulevards nur zu haben war, an seinem „Uriel Acosta" schrieb. Ich verhehlte ihm mein Bedenken gegen eine fünfactige Tragödie in Jamben nicht, die höhere Tragödie, die Jamben schienen mir durchaus nicht das zu sein, worauf seine Natur angelegt, sein Talent gerichtet; es giebt eine „Mache", fürchtete ich, nicht ahnend, wie sehr später diese Sorge beschämt werden würde. Er war aber erfüllt von seinem Stoff und ganz absorbirt von der Arbeit. Davon redend, machte er meinen Wegweiser zum Concordienplatz, den ich zuerst sehen müsse, und brachte mich dann zu Therese v. Bacheracht — gemeinsame Verabredung hatte sie Beide um dieselbe Zeit nach Paris geführt. Ich sah ihn und Therese nun fast täglich, wenn nicht am Tage, so Abends in ihrem Salon; doch würde von diesem Pariser Aufenthalt später zu reden sein; ich erwähne hier nur, daß, weil Gutzkow die Arbeit absorbirte, Therese v. Bacheracht sich oft mit meiner Begleitung zu den Pariser Sehenswürdigkeiten begnügen mußte, was mir Gelegenheit gab, diese unvergleichlich liebenswürdige Frau näher kennen und verehren zu lernen. Im Sommer 1850 brachte Gutzkow dann einige Tage in Köln zu, und von dort aus unternahmen wir eine kleine Rheinfahrt, auf den Drachenfels bis hinauf nach Remagen. Roderich Benedix hatte sich uns angeschlossen, und Gutzkow hat dem schönen Tage ein Erinnerungsblatt in seinem Buche „In bunter Reihe" gestiftet. Als dann später Münster mein Aufenthalt geworden, im Sommer 1858, überraschte er mich dort durch seinen Besuch — er hatte drei Wochen im Inselbad bei Paderborn zugebracht, hatte dort „Witoborn" studirt und sah sehr wohl aus; er war stärker geworden und auch innerlich ruhiger, wie es schien — wohl weniger durch den Einfluß der beruhigenden Luft West=

falens als durch die Beschäftigung mit dem objectiven Stoff, den er für seinen „Zauberer von Rom" sammelte und verarbeitete. Es freute mich, in Beziehung auf westfälische Verhältnisse, auch auf die juristische Seite heimischer Lebensformen und Institute ihm mancherlei Fragen beantworten zu können. Mir selbst war es frappant, wie scharfäugig er an der Burg des Katholicismus eine ihrer schwächsten Stellen herausgefunden, jene zu den bedenklichsten Consequenzen führende Lehre von der Intention, auf der das Hauptmotiv seines „Zauberers" beruht und von der er viel sprach. — Ein Ausflug nach einem einer befreundeten Dame in der Stadt gehörenden großen Bauernhof sollte ihn dann mit unseren ländlichen Lebensformen bekannt machen, doch mehr nahmen seine satirisch angeregte Beobachtung die Persönlichkeiten in Anspruch, welche sich dem Ausflug angeschlossen hatten — es waren darunter jene drei alten Herren, deren Gestalten mir bei der Zeichnung des Barons, des Obersten und des Geheimraths in meinem Roman „Das Recht der Lebenden" vorgeschwebt haben, und namentlich der „Baron", von dem er sagte, er werde sogleich anfangen, zu beweisen, der westfälische Adel stamme von den Asen ab, gewann sein heiterstes Interesse.

Es ist schwer, über ein so gar nicht zu erschöpfendes Thema wie Karl Gutzkow das auferlegte Gesetz der Kürze zu beobachten; mir ist es jedoch erleichtert, indem ich hinweise auf die treffliche Charakteristik, welche Karl Frenzel gegeben hat und der ich in fast Allem beipflichten kann. Auch möchte ich aus einer großen Anzahl Briefe Gutzkows einige wenige mittheilen, die, weil sie Andeutungen zur Beurtheilung seiner Werke enthalten oder charakteristisch für sein Wesen sind, dem künftigen Biographen, den er sicherlich finden wird, nicht vorenthalten werden dürfen. Ich habe darin nur hier und da einige Bitterkeiten wider noch Lebende gestrichen, um nicht noch posthume Schläge von der Hand eines Todten austheilen zu lassen, die lebend doch gar zu viele Schläge mit einer Leidenschaft ausgetheilt hat, welche so oft nicht sah, wohin sie traf.

* * *

Hamburg, 13. Nov. 1840.

Lieber Freund! Sie machen Pläne über auswärtige Ansiedelung und erinnern an frühere Andeutungen. Ich muß sagen, daß ich keines der jüngeren

Talente lieber am „Telegraphen" fixirt sähe als Sie. Den Dingelstedt aus seiner Anstellung herausschwatzen, das wäre leichtsinnig. Beurmann hat ein Blatt und ist unzuverlässig. Sie wären der Geeignetste, an meiner Stelle den „Telegraphen" fortzuführen. Freilich kann das Blatt vorläufig noch nirgend anderswo erscheinen als hier in Hamburg, und eine Uebersiedelung hierher wäre für Sie unerläßlich. Die gesellschaftlichen Vor- und Nachtheile Hamburgs will ich ein andermal erörtern. Ich meine, ein junger Mann, unbeweibt, strebend nach Anerkennung, muß noch nicht fragen, wo man besser gedeiht, wo Luft und Menschen genießbarer sind. sind. Weimar ist kein Ort für Menschen, nur einer für Mumien. Hat man in Weimar nicht die directeste Anknüpfung an den Hof (die man nicht mehr bekommt), so ist in dem offenen Landstädtchen, wo Alles klein, kümmerlich, langweilig hergeht, nicht zu existiren. Lassen Sie müde Wanderer in Weimar ausruhen! — — — Meine Neigungen drängen mich entweder nach Berlin oder Frankfurt. Berlin ist mir durch das immer mehr hervortretende doctrinäre System des Königs versperrt, Frankfurt muß, meiner dort heimischen Frau und aller ihrer nach Frankfurt gehenden Sympathien wegen, mir immer zunächst am Wege liegen. Mit fortnehmen kann ich den „Telegraphen" nicht, da Campe ihn nicht losließe und für einen Coup de main meine und des „Telegraphen" Kraft jetzt noch nicht ganz ausreichend ist. Wo soll ich ihn auch hinlegen! Nur über Nacht müßte das geschehen, ohne daß Campe davon etwas ahnte! Es gäbe das einen Scandal und ich mag nicht als Flunkerer erscheinen. Den Schein hätte ich hier doch vielleicht gegen mich. Schon dies sporadische Wechseln der Orte ist mißlich und schadet dem Vorurtheil von Solidität. — — —

Wenn Sie die deutschen Poeten nicht vornehm genug fanden, so liegt die Schuld wohl in der übermäßigen Furcht, die jetzt jeder genannte und gesuchte Name hat, in Reisebeschreibungen figuriren zu müssen. Alles kriecht, Alles wirft sich Einem an den Hals und ist à tout prix liebenswürdig. Flachköpfe sind entzückt, wenn sich ihnen große Männer oder kleine Menschen zeigen. Ich habe seit der Zeit, wo ich am deutschen Parnaß herumkrabble, viel Erfahrungen dieser Art gemacht. Menzel z. B. konnte mit seiner Frau eben eine kannibalische Scene gehabt haben — da klopft ein Fremder, und mit süßlich lächelnder, kindlich naiver Stimme grüßt er ihm entgegen!

Auf Viele, die mich besuchten, habe ich gerade nicht aristokratisch gewirkt, aber ernst und leider oft abschreckend: es liegt in meinen Zügen etwas Finsteres, das mein Gemüth nicht kennt. Wer den Muth hat, nach dem ersten Besuche mich wieder zu besuchen, der kommt gewiß auch zum dritten Male. Viele kommen aber nicht wieder. Das Leben hat mir zu tiefe Wunden geschlagen, als daß ich heiter hineinblicken könnte. Was bin ich, das ich nicht durch mich geworden wäre? Was hab' ich, das ich nicht erobern mußte! Sie glauben nicht, wie trüb oft meine Stimmung ist; doch ist meine Grundnatur gesund und bricht immer wieder durch jedes Leid heilend hindurch.

Lassen Sie recht bald von sich hören — ich schließe endlich und grüße bestens!

Gutzkow.

Magdeburg, den 31. März 1847.

Theuerster Freund!- Wenn auch nur ein paar flüchtige Wirthshauszeilen, doch drängt es mich, Ihnen zu schreiben. Reis' ich da in der Charwoche meiner

Frau nach Weimar entgegen, mache einen Abstecher nach Halle und hierher, komme in der „Stadt London" an und will eben die schon beendete Table d'hote nachreiten, fällt mir die neueste „Kölner Zeitung" in die Hand, die vor meiner Suppe liegt, und ich fange den Artikel über Acosta zu lesen an. Erst erschreck' ich über den Anfang, über die Achtungserfolge, die Reclamen, die Dialektik; da plötzlich geht mir ein Glanz und eine Herrlichkeit auf, daß ich ganz zu Boden gedrückt, geblendet und beschämt bin. Das haben Sie mit solcher Liebe und Theilnahme, so warm, so herzlich gut, so unverdienter Maßen überraschend geschrieben, daß ich mich kaum erholen konnte und meine aufgewärmten Speisen mechanisch hinunterschluckte. Der Entschluß, Ihnen sogleich zu schreiben, mein trauriges, durch meine Dresdener Sisyphusarbeit bedingtes Stillschweigen augenblicklich gut zu machen, war der erste Entschluß, zu dem ich mich aus meiner Zerknirschung aufraffte. So muß es einer Schönen zu Muthe sein, die keinen Anbeter mehr zu finden fürchtet und plötzlich einen schwärmerischen Brief bekommt, wo doch noch einer anbeißt. Ach, ich bin so viel Lob und Anerkanntwerden gar nicht mehr gewohnt. Mit der ganzen tonangebenden Kritikasterei hab' ich's verdorben: mit den „Grenzboten", denen die böhmische Robott-Frage höher steht als deutsche Literatur, mit Laube, mit Kolb, dem ich keine Artikel schreiben kann, mit Dingelstedt, der mir wegen eines Ausrufungszeichens statt eines Punktes (das Andere zu einer ihn betreffenden Notiz von mir gemacht hat) zürnt. Die kleinen Reclamen unserer guten Therese können mir auch keine Freude machen, und so war mir's wirklich Manna und Ambrosia, was mir da herniederträufelte; ich danke Ihnen innigst für dies mächtige und herzstärkende Votum.

Wie ich nun durch meine Dresdener Taglöhnerei der Literatur entrückt bin, was ich fühle, denke, beschließe, hoffe, das Alles, liebster Schücking, möcht' ich Ihnen und Ihrer lieben Frau recht gründlich erzählen, aber weder in Magdeburg noch in Dresden komm' ich dazu, denn auch in Dresden ist mein Leben so, als klingelte alle Augenblicke die Eisenbahnglocke schon zum zweiten Mal, so in Hatz und Plage steck' ich dort und kann zu nichts mehr mich wahrhaft sammeln. Hoffentlich find' ich für mein dortiges Verhältniß in's Künftige leichtere Formen und kann auch meine Freunde mehr hegen und pflegen.

Ich habe so ein stilles Ahnen, daß Sie und Ihre liebe Frau im Sommer nach Dresden kommen. Es ist dort wirklich schön, und es weht eine milde ästhetische Luft noch von Anno Ehedem, die uns doch auch noch wohlthuend ist und in der Sie sich heimisch fühlen würden. Thun Sie das, kommen Sie! Sie finden mich dann schon häuslich etablirt, und ich kann Ihnen manchen interessanten Menschen vorführen, besonders aber über alles das Auskunft geben, wofür ich zu brieflicher Mittheilung keine Muße finde. Auch von Ihnen hörte ich gern mehr, als was ich aus dem Kölner Feuilleton zwischen den Zeilen lese.

Mein Herz hab' ich erleichtert und Ihnen inniglichst für die Ueberraschung gedankt. Man soll keine Schuldzahlungen aufschieben. Es ist mir ordentlich leicht, daß ich weiß, Sie lesen diese Zeilen in ein paar Tagen und sind mit ihnen zufrieden, so flüchtig und wirthshausmäßig sie auch gerathen sind. Viele, viele Grüße an Ihre liebe Frau, auch an Herrn Dumont, dessen Sendung ich empfing. Ihnen selbst aber treuesten Freundesgruß. Immerdar

Ihr Gutzkow.

Dresden, den 5. August 1850.

Ihre kleine Erinnerung, lieber Freund, in der „Kölner Zeitung" treibt mich doch, Ihnen zuvörderst zu sagen, daß der verheißene groß- oder kleindeutsche Erfurter nicht bei mir gewesen ist. — Im Mai und Juni war ich recht krank. In Warmbrunn glaubte ich einige Tage lang, zu sterben; ich hatte mich den Winter überarbeitet und muß mich wohl ein wenig zu sehr an meine Häuslichkeit opfern. Sonst reiste ich mehr, genöß, vegetirte. Ich bin ernster geworden, trüber, verstimmter wie wohl viele Menschen jetzt.

Ihr freundliches Wort über meinen Roman*) hat mir innigst wohlgethan. Sie kennen unsere literarische Isolirung! Von den Schreibenden lesen ihn nur solche, die ihm gern tadelnd beikommen, rasch verwerfen möchten, und die Zeitungen sind der Form dieser Brockhaus'schen Operation nicht gewogen. Es soll mich gar nicht Wunder nehmen, wenn selbst die Augsburgerin nicht unbefangen bliebe. Und traurig ist das einem Werke gegenüber, das wirklich aus einer großen Hingabe an den Stoff entstanden ist! Sie müssen es der objectiven Ruhe der

---

*) Die „Ritter vom Geist".

Darstellung ansehen, daß ich mit Sammlung bei der Sache war. Die spielende, leichte Behandlung verräth die Fülle des Materials. Man wird mir nicht nach= sagen können, daß ich Eugen Sue imitire. Ich bin deutsch geblieben, episch, ruhig, erörternd, wenn auch darum nicht langweilig. Ich wollte wieder an Goethe, Tieck, Immermann anknüpfen und kann nicht, mag man mir auch mit dem ewigen Vorwurf der Unpoesie kommen, die Wege wandern, welche die modischen sind, die der Manierirtheit. Die Sucht nach „Poesie" ist so krank= haft geworden, daß auch die Kritiker immer nach dem Aparten fragen und für einen Roman im alten bewährten Wilhelm Meister=Geschmack keine Kategorien mehr haben.

Ich habe so zu sagen einen politischen Wilhelm Meister schreiben wollen, einfach, natürlich, lebenswahr. Dem Absonderlichen jagt' ich nicht mit Angst nach. Ich verzweifle nicht daran, daß es noch ein Publikum giebt, um solche Entwickelungen, wie ich sie darstelle, zu genießen. Ich bin mir bewußt, gebildeten, harmlosen Lesern gefällt mein Werk. Die eigentliche Idee tritt etwas langsam heraus. Sie ist zu neu, zu gewagt, ich darf sie nicht überstürzen. Dankmar stiftet einen Ge=

heimbund und vertritt gewissermaßen an sich die in der Zeit schlummernde Ueberzeugung: Mit der Isolirung ist es nichts, mit der breiten Masse und Zahl auch nichts, die Elite muß sich finden; aber rascher finden, rascher erkennen als bisher und sicherer handeln. Er stiftet eine neue Templerei. Die Geschichte mit dem Schrein u. s. w. ist nur Rahmen, wie Sie als kundiger Kenner der poetischen Mechanik bald werden durchschaut haben.

Brockhaus kann mit dem Interesse, das seine Zeitung wieder gewinnt, nicht unzufrieden sein. Doch bedarf ich sehr der nachhelfenden Anerkennung derer, die sich wirklich gefesselt fühlen. Die Lethargie unseres Publikums ist groß und der Glaube, sich durch die Theilnahme für Schleswig-Holstein z. B. von allem Anderen so zu sagen abzukaufen, gar zu sehr verbreitet. Wenn ich das, was ich da gebe, mit dem confusen häßlichen Zeug vergleiche, was z. B. Prutz in seiner Mißgeburt, dem „Engelchen" gegeben hat, so leide ich sehr darunter, wenn ich mir sagen muß, wie sich das doch erst selber Bahn zu brechen hat und von den Tonangebern und Wegweisern in der Literatur doch nicht unterstützt wird!

Von Herrn v. Gall, der kürzlich hier war, hör'

ich), daß es Ihnen und Ihrer lieben Frau wohl geht. Wir haben jetzt manchen interessanten Durchreisenden. Frau v. Suckow ist z. B. hier; kennen Sie sie?

Es ist gar nicht unmöglich, daß ich Sie noch in diesem Monat in Köln überrasche. Eigentlich wollt' ich nach Ostende und baden. Nur der Roman hält mich ab. Ich stecke so darin, daß ich wie ein Egoist rede und Ihnen schreibe. Haben Sie Nachsicht mit mir!

Also meinen Dank für Ihre Aufmerksamkeit und herzlichen Gruß. Ihr Gutzkow.

Geben Sie doch jetzt bei dem Pfarrer Guido Stromer, der im Capitel 11 geschildert wird, Acht! Dieser ist mir der Typus des luxurirenden haltlosen Geistes. Er entwickelt sich in den folgenden Bänden zu einer Art Hurter oder Genz. Jetzt ist er in einem Stadium, wo ich Sie im Vertrauen zur Vergleichung auf Rötscher u. A. aufmerksam mache. Voland von der Hahnenfeder ist v. Radowitz, als Princip.

Dresden, 29. November 1850.

Mein theurer Freund!

Ich wollte mir erlauben, bei Ihnen anzufragen, ob Ihnen Brockhaus den IX. Band geschickt hat? Ich kann Ihnen nicht verschweigen, daß mir eine unparteiische und ruhige Würdigung meines nunmehr beendeten Werkes erwünscht wäre. Ich fand bei Ihnen im Sommer, in diesen wundervollen Sonnentagen, viel Reizbarkeit gegen mein Buch, besonders bei Ihrer lieben Frau, die mich durch Aufsuchen und Festhalten des Schwachen wahrhaft erschreckt hat. Woher diese Abneigung? bin ich mit Prätensionen hervorgetreten? Oder trägt mir Ihre Frau mein scharfes Anatomiren gewisser Frauennaturen nach, die sie vielleicht schonender gefaßt wünscht? Oder sollte sie gerade meine Absicht, in dem Lieben ohne Erfolg, sogar ohne Absicht, ein großes Geheimniß des Menschenlebens wiederzugeben, nicht gelten lassen? Genug, ich wünschte wohl zu hören ob Sie bei dem schlimmen Urtheil, das ich in der „Kölnischen Zeitung" trotz vieler anderen Concessionen, die Sie machten, erlebte, auch am Schluß des Ganzen verharren. Nachlässigkeiten im Stil und sonstige auf der Hand liegende Fehler kann ich erst bei der dritten Auflage, die vielleicht in einem Jahre kommen könnte, durchgehend verbessern. Einstweilen hab' ich die Freude, daß mir diejenigen, die es wahrhaft gut mit mir meinen, banken, daß ich ihnen Gelegenheit bot, ihre gute Meinung von mir auch leidlich beweisen zu können. Besonders bin ich glücklich, mir wieder recht von Herzen Kolb in Augsburg gewonnen zu haben. Bei einer solchen Anlehnung läßt sich das Schweigen von Stahr, Max Waldau et caeterorum, die vornehme Schonung des Herrn Wolfsohn und die nüchterne Prüfung des Wilibald Alexis in den „Blättern für literarische Unterhaltung" schon eher verwinden. Nun genug von mir!

Was sagen Sie zu der Fluth von Romanen, die erscheint? Haben Sie Auerbach's „Neues Leben" gelesen?

Von Gall hatt' ich kürzlich Briefe. Er regt sich, seine alte Stellung wieder in der Theaterwelt zu erobern. Auch Dingelstedt ist lebendig.

Welch herrliche Tage waren das am Rhein! Der Drachenfels! Die Wasserfahrt! Remagen! Noch seh' ich Benedix, den Wassergott, im Rhein plätschern. Es fehlte ihm nur ein Kranz und ein paar erschreckte Nymphen, um das Genrebild fertig zu machen. Herzlichen Gruß, auch Ihrer strengen Hälfte,

von Ihrem aufrichtigen

Gutzkow.

Dresden, den 15. November 1858.

Verehrter Freund!

Ich habe von Brockhaus gehört, daß Sie geneigt sind, etwas für die Würdigung meines Romans*) zu thun. Wenn Sie Band II. gelesen, so bitt' ich, schieben Sie diese löbliche Absicht keine Stunde länger auf! — Das Buch hat factischen Erfolg, aber die Würdigung ist erbärmlich. Kein Verständniß, kein Nachfühlen, die roheste und plumpste Erfassung der äußeren Thatsachen! Billige ich denn diese unheimliche Lucinde, die alle Damenkaffees so in Horreur versetzt? Deut' ich denn nicht mit Klingsohr eine ganze Weltanschauung an und gebe ihn als Problem, das ich zu lösen gesonnen bin? Wie roh diese Auszüge und Berichte in den Referaten, selbst wohlmeinenden! Wie viel steht bei mir nicht zwischen den Zeilen! Die Referenten geben das so wieder, als wenn es sich bei mir wirklich um Eugen Sue oder Boz handelte.

Sprechen Sie in Augsburg oder Köln (wo es jetzt noch möglich ist!) ein Wort vom Standpunkte höherer

---
*) Der „Zauberer von Rom".

Kritik! Tadeln Sie mich nicht zu sehr um die Fehler, die ich gegen den Katholicismus mache! Mein Bestreben, ihm gerecht zu sein, ist so erwiesen, meine Studien sind so auffallend, daß in der gestrigen D. Allg. Ztg. sogar gefragt wird, ob ich Katholik wäre, d. h. wohl katholisch fühlte? Trefflich sind Gottschalls Andeutungen in der Schlesischen. Aber der ist vereinzelt; und soll denn die Romantik der Kaufmannselle Recht behalten? Soll diesem Geschlecht nichts mehr über "Soll und Haben" gehen? Als ich die "Ritter" veröffentlichte, schrieben Dingelstedt, Sie, Carriere, Riehl, Fallmerayer — alle diese Stimmen sind verstummt, zurückgezogen — neue Tonangeber und welche! Ueberall Repressalie!

Von Ihrem neuen Roman höre ich. Ich selbst kann nichts lesen, so gern ich möchte! Ich fürchte mich auch vor Paul Bronkhorst — ich fürchte, ich finde Dinge, die ich Ihren hübschen Büchern über Westfalen (in Brockhaus' Reisebibliothek) entlehnte, z. B. das Motiv von dem durch den jungen Grafen Blücher erschossenen Domherrn. Im ersten Bande werden Sie gefunden haben, wie fleißig ich Sie excerpirte! Lassen Sie mir da wenigstens die Anerkennung meines guten Willens, solid zu sein und „real".

Ach, Freund, wie wird man mich nach Band III und IV erst in Ihren Gegenden steinigen! Mad. H., Frl. K., die eine Messe lesen läßt, um Zahnschmerzen zu vertreiben! Wie ich das aber hasse. Den alten Narren, den Haxthausen, sah ich in Rom und ging mit ihm in die Katakomben, die er in seiner Sucht, Alles apart zu haben, für alte Troglodytenhöhlen erklärte. Ich werde in dem später in meinem Buche kommenden „Onkel Levinus" Einiges, das Bessere, von seiner Weise bringen — unter uns. Bei Klingsohr habe ich sehr stark an Florencourt gedacht und einige Leute, die früher seine Intimen waren! Lucinde ist eine Idealisirung von — rathen Sie!

Als ich nach Italien reiste, gab ich Brockhaus meine fertigen sieben Bände versiegelt und mit den Worten überschrieben: „Im Fall meines Todes an L. Schücking zu übergeben." Sie sehen meine Freund= schaft, mein Vertrauen! Lassen sie mich bald etwas vernehmen und bleiben Sie gut Ihrem alten und auf= richtigen Gutzkow.

Kesselstadt Hanau, 1. Mai 1869.

Theurer lieber Freund!

Es konnte mir nichts willkommener sein, als durch Ihre überraschenden unverdienten Zeilen veranlaßt zu werden, endlich eine seit vier Jahren mich drückende Schuld zu tilgen und Ihnen zu sagen, wie sehr ich mich in der Zeit meines Elends mit Ihnen beschäftigte!

Als jene traurige Katastrophe über mich hereinbrach (ich weiß noch heute nicht, was darüber hinter meinem Rücken feststeht und gesagt wird) und ich in Offenbach von Verwandten gepflegt wurde, glaubte ich nicht an meine Rückkehr in die Welt. Ich hielt entweder meinen Tod oder meine geistige Auflösung für nahe bevorstehend.

Ehe ich in jene Anstalt gebracht wurde, wo ich ein Jahr der Qual zubrachte, ließ ich von meinem ältesten Sohn alles zusammenlesen und zusammenpacken, was ich an „Hohenschwangau" theils schon geschrieben hatte, theils dafür gesammelt, dictirte ihm den ungefähren Plan des Werkes und gab die vielleicht noch in meinen Papieren befindliche Anweisung: „Das Ganze ist ein ungeordnetes Material, aus dem vielleicht Levin Schücking etwas machen kann. Er kennt die betreffende Zeit und Localität, namentlich Augsburg, besser als ich. Will Brockhaus die Vorschüsse, welche ich auf dies Buch empfangen habe, möglicher Weise wieder einbringen, so mag er Alles an Schücking geben und diesem anheimstellen, ob er daraus etwas machen will."

Als ich nun Ihren Brief aus Rom erhielt (über Berlin), nahm ich an, Ihre Güte verschweige eine Bekanntschaft mit meinem Zustand und wäre bereits im Besitz meines „letzten Willens". Die Verdüsterung meines Gemüths wurde gemehrt und zuletzt fast ausschließlich erhalten durch die unverantwortliche Behandlung, die ich erfuhr. Mein Arzt hatte eine constante Manier der Ironie und that nichts, die Voraussetzungen, die ich mir gebildet hatte, zu widerlegen. Jeder vernünftige und gemüthvolle Zuspruch, jede Beziehung zu meinen Angehörigen wurde fern von mir gehalten. Ich phantasirte mir eine außerhalb meines Gefängnisses vorhandene Gestaltung meines Namens zusammen, die keine andere Widerlegung als Spott und Hohn fand. Ich war wie ein zertretener Wurm und dachte an die

Ewigkeit, die absolute Vernichtung. Ihr Brief mit den Mittheilungen über Ihre Kinder, Ihre Aufforderung Sie in Westfalen zu besuchen, rührte mich tief. Ich las aber noch mehr zwischen den Zeilen und würde sie nach diesen Voraussetzungen beantwortet haben, wenn ich zum Schreiben Kraft und Lebenslust gehabt hätte.

Als ich, viel zu spät, wieder mit den Meinigen in Verbindung gebracht wurde, fand ich die Welt von den Wirren absorbirt, die bald in den traurigen Krieg ausarten sollten. Ich fand mein altes versiegeltes Convolut wieder, sah it Trauer auf die Spuren jener gänzlichen Entsagung. mit der ich mich von ihm getrennt hatte, und fing nun die ganze Arbeit von vorn an, um meine Schuld bei Brockhaus zu tilgen. Leider war der Stoff zu schwer, zu wenig ergiebig für die Bedürfnisse eines großen Publikums. Unfreundliche Kritik — — hinderte den Erfolg des Buches beim Publikum, worüber ich mit Brockhaus beinahe ganz auseinander gekommen bin. — —

Zum Glück ist die Zahl unternehmender Buchhändler und verbreiteter Zeitschriften groß. Sie werden gesehen haben, daß ich hier und dort arbeite. Die

„Literarischen Briefe" sind eine Idee Keils. Leider, fürchte ich, hat er sich in der Sache und in mir selbst geirrt. — — Das Erscheinen des zweiten Briefes hat sich durch die unangenehmste Correspondenz verzögert. Er hat jetzt den dritten Brief über Redwitz' „Stark" und Hamerlings „König von Sion". Ich bin begierig, wie es ihm mundet.

Daß Sie Glück mit Ihren Kindern haben, höre ich gern. — — Meine älteste Tochter hat sich vor einigen Tagen mit einem jungen Juristen, einem Amts= richter Osius, einem geistvollen, vielseitig gebildeten und nicht unvermögenden Manne, verlobt.

Diesem Bunde zu Gefallen sollten wir jetzt eigent= lich hier bleiben. Doch hatte ich schon vor Erklärung jenes Bewerbers den Verzug von hier beschlossen. Einst= weilen miethete ich für die Sommerzeit ein Häuschen bei Bregenz am Bodensee, dessen Lieblichkeit Sie ja aus alter Meersburger Erfahrung kennen. Zum Herbst muß dann ein Entschluß gefaßt werden. Die Blicke sind auf Berlin, Frankfurt oder Hanau (eben des jungen Paares wegen) gerichtet. Ich wäre am liebsten für meine Vaterstadt Berlin, wäre nicht die dortige

Lebensweise so sehr theuer. Ihre Mahnung, nach Westfalen zu kommen, soll mir eine erwägungswerthe Lockung bleiben. Wäre ich so glücklich, einige Zeit mit Ihnen zusammen sein zu können, so weiß ich, Sie würden milde über meine Verirrungen hinweggehen und sich nur an Vergangenes und alte Zeiten halten. Wie viel schöne Stunden haben wir erlebt. „Die schönen Stunden, Rückblicke" — heißt eine Sammlung zerstreuter Aufsätze, die nächster Tage bei Hallberger in Stuttgart er- erscheint. Auch Ihr Name kommt darin vor.

Lassen Sie mich bald wieder etwas von Ihrem Leben und Schaffen erfahren. Nochmals innigsten Dank für die mir erhaltene treue Freundschaft und die Versicherung, daß ich nichts unterlassen werde, sie mir ferner zu verdienen.

Mit unveränderter treuer Gesinnung

Ihr Gutzkow.

Heidelberg, den 12. Mai. 1876.

Lieber theurer Freund!

Ich lese mit Vergnügen, daß Sie den Händedruck gefühlt haben, den ich Ihnen durch die „Gartenlaube" geben wollte. Hat doch gerade die „Gartenlaube" eine Irrung zwischen uns herbeigeführt. Nie habe ich daran gedacht, Ihre Romanschöpfungen herabsetzen zu wollen. Ich wollte sie nur charakterisiren. Ich bildete mir ein, mehr und tiefer zu sehen als Andere. Als ich Sie als letzten Romantiker schilderte, behielt ich stets den heiteren Ton, der dergleichen als eigentlich das Gros des Publikums nicht berührend behandelt. Keil nahm das etwas massiv, machte eine grobe Note, die mich bestimmen mußte, abzubrechen, und noch aus Ihrer interessanten Selbstbiographie spürte ich heraus, daß auch Sie wirklich verstimmt waren. Denn die Bemerkung, ich hätte nicht die gewünschte aber verdiente Anerkennung gefunden, that mir, dem Uebermuth der Faiseurs gegenüber, wahrhaft wehe. Ist eine solche Bemerkung wahr, so schmerzt sie doppelt. Sie deuten allerdings die systematische Anfeindung an, die ich gefunden. Noch jetzt ist sie in Thätigkeit und tritt mir überall hemmend in den Weg. In Berlin berührte sie fast meine Person.

Ich preise Sie glücklich, wenn Sie beruhigter in's

Leben sehen als ich. Ich bin krank. Gerade Italien gab mir den Rest. Ich ging mit meiner zweiten Tochter auf einen Winter dorthin, war aber auf Schnee, Kälte und Stürme nicht vorbereitet, besaß auch nicht die Mittel, mir den Comfort theurer Pensionen zu verschaffen; so wurde ich immer invalider und habe mich erst leidlich erholt durch die Einsamkeit in einem ländlichen Aufenthalt, den ich zufällig hier in der Nähe entdeckte. Meine Frau, zwei unverheirathete Töchter drängten in eine Stadt, und da wählten wir die nächste, wohl für mich die unpassendste von allen. Denn was ist ein Belletrist unter diesen von Selbstsucht aufgeblasenen Zunftgelehrten, von denen diejenigen, die allenfalls einige Fühlung mit mir haben könnten, ganz nur die moderne Germanistenpoesie für das Höchste halten, auf „Ingo und Ingraban" und „Ekkehard" schwören. Kuno Fischer, der das Zeug hat, da zu lichten, aufzuräumen, wahrt sich seine Geheimerathswürde dadurch, daß er öffentlich über Lessing und Schelling nicht hinaus geht.

Mein Leiden besteht aus einer, wie es scheint, unheilbaren Nervenverstimmung, die mit einen Schlundkrampf anfing, dann sich auf Magen, Bauch, Beine fortsetzte, ewige Flatulenz, Aufgetriebenheit der Weichen erzeugt, mich ganz sicher gehen, bergsteigen läßt, aber immer mit dem Gefühl, als säße mir eine große elastische Feder im ganzen Leibe, vom Halse an. Dabei bin ich blind, total blind am rechten Auge, am linken habe ich mit einer großen constanten Schwäche zu kämpfen. Kurz, ich wäre für den Pessimismus vollkommen reif, wenn sich nicht so viel eitle Narren dafür bekennten!

Lassen Sie mich recht bald wieder erfahren, wie es Ihnen geht. Die drei Tage stehen mir mit ihren Vor- und Nachtagen deutlich in der Erinnerung. Den Eselritt auf den Drachenfels habe ich wahrscheinlich zu oft gemacht und daher den damaligen vergessen. Den Augsburger Tag mit List, Kolb, Binzer rief mir vor einigen Jahren der Badecommissar v. Pappenheim in Kissingen in's Gedächtniß, dessen Wasser ich auch zu reinem Verderb trank. Im X. Band der neuen Ausgabe meiner gesammelten Werke, S. 116, steht auch Ihr Name als Verfasser der Personalnotizen über Droste-Vischering. Als neulich Sepp den Mund gar zu voll

nahm über Görres, habe ich nur mit Mühe an mich
gehalten. Seine Darstellung des Kölner Streites paßt
für Jörg, nicht für ihn. Nun leben Sie wohl! Lassen
Sie bald wieder etwas hören Ihren

aufrichtigen und treuergebenen

Gutzkow.

Ostende.

Es wird mir nicht leicht, die Fortsetzung dieser Lebenserinnerungen zu geben. Ich habe sie freilich abgebrochen in dem Zeitpunkt, wo sie eine weitere und großartigere Scenerie zum Hintergrunde bekommen, wo eine Fülle markanter Gestalten nicht aufhört, durch sie hindurch ihre Schatten gleiten zu lassen, denn zumeist handelt es sich dabei ja jetzt um Schatten Dahingeschiedener; wo die stürmisch erregte Zeit der vierziger Jahre ihre hohen Wogen schlägt. — Wogen, deren tosendste Bewegung ich in Italien, im Rom von 1847, im Neapel von 1848, beobachten konnte, mit verehrenden Blicken damals an der hohen weißen Priestergestalt hängend, welche über diese Schaum= wellen mit segnender Hand dahinschritt — um endlich auch als Schaum zu zerfließen, vom Höhenwahnsinn glücklich getäuscht über die Bodenlosigkeit des Elements, auf dem er wandelte in den letzten Jahren seines Wirkens.

Aber zu Lebenserinnerungen zurückzukehren, dazu gehören die Stimmungen des Gemüths, die wie Wolken über uns dahinziehen, und beginnt solch eine Wolke sich auf uns zu senken, so bringt sie uns wohl das Verlangen, einsam zu träumen, den stillen Gedanken an unwiederbringlich Verlorenes oder innerlich Durchkämpftes nachzuhängen und sich der reimlosen Lyrik, von der wir uns ergriffen fühlen, hinzugeben; nicht aber zu schreiben, zu erzählen und uns Mühe zu geben, das, was farbenreich und in seinen festen Umrissen vor unserer Seele steht, Denen zu zeichnen, welche ja doch nur kühl und flüchtig ein verschwimmendes Schemenbild davon in sich aufnehmen können. Mit der rückwärts gewendeten, über dem Vergangenen sinnenden Stimmung ist auch immer jenes Zurückschrecken vor dem Versuche verbunden, das so völlig Subjective unseres Empfindens durch Wort oder Schrift für Andere eine Geltung gewinnen zu lassen, deren Ausbleiben doch nur erkältend und verletzend auf uns wirkt.

Mit Vorliebe aber rückwärts zu schauen, stets bei dem Vergangenen zu weilen, das hat mich das Alter bisher nicht gelehrt. Mein Gedankenleben richtet sich dem Kommenden, dem Zukünftigen entgegen, es geht heute noch mit dem Strome der Zeit, wie es immer und seit je gegangen, und das Schaffen, Arbeiten und Gestalten des morgigen Tages nimmt mein Denken mehr in Anspruch als die im Meere der Zeit verschwindenen Dinge des Gestern und Vorgestern.

Doch ich hasse auch alles Halbfertige, Fragmentarische, alles Stückwerk und Unvollendete; ich muß den unromantischen Charakterzug bekennen, daß mir das Verständniß für die Poesie der Ruine fehlt und daß ich das Heidelberger Schloß lieber wieder aufgebaut und hergestellt sähe, als nur noch in epheu- und poesieumwobenen Fragmenten vorhanden. Das nicht Abgeschlossene, nur halb zu Stande Gebrachte quält mich — und wenn das ganze Endergebniß meines Lebens auch nur ein kleiner Bruchtheil dessen sein wird, was ich als Frucht und Ziel im Auge hatte und erstrebte, so mag das Schicksal das verantworten, es soll dabei aber nicht sagen können, ich hätte selber nur Halbes geliefert. Muß doch ohnehin von unserer abgeschlossenen Arbeit so vieles Halbes bleiben.

Ans Ufer des Meeres habe ich mich zu versetzen,

um wieder zu beginnen. In Ostende, in tiefgrauer Dämmerung, mit meiner Frau auf dem langen Bohlenweg dahinschreitend, der am Hafen entlang zum Leuchtthurm führte, habe ich es zuerst gesehen, das Meer, und sein Schäumen unter den Füßen tosen hören. Wenn es so tost und rauscht und schäumt, ist es schön, das Meer. Nicht wie die Alpenwelt, an sich, durch sich allein. Es muß etwas hinzukommen, es bedarf einer Beihilfe, um schön zu werden: der Lichtwirkungen einer besonderen Beleuchtung, des Farbenspiels, welches ihm die ziehenden Wolken verleihen, und vor Allem des Sturmes, der uns die entfesselte elementare Gewalt in der Furchtbarkeit ihrer Wirkungen enthüllt.

Gustav Kolb war vor uns nach Ostende gereist, im Sommer 1845, und hatte uns dort ein Quartier bereitet — am Ende der Welt, es lag Rue Bout du Monde. Heinrich König, der den Wortwitz liebte, scherzte viel darüber. Er ebenfalls traf, begleitet von einer Schwägerin, in Ostende ein und hat seinen damaligen Aufenthalt dort in seinen „Briefen aus dem Seebade" beschrieben. Indem er darin mit großer Herzlichkeit unserer gedenkt, scherzt er, daß er sagen könne, er folge uns des Abends bis an's Ende der Welt, wo seine sinnige Schwägerin Agathe die

hübschesten Geschichten erzähle, um die versammelten drei
Novellistenfedern zum Wettkampf zu reizen. Ob H. König
diese seine „Briefe aus dem Seebade" damals ebenfalls in
seiner tiefgründigen Weise ausarbeitete, weiß ich nicht;
seine Romane pflegte er, zum Theil auf einsamen Spaziergängen, mit Bleistift in sein Taschenbuch zu schreiben,
dann im Brouillon auszuarbeiten und dies endlich noch
mit großer Sauberkeit abzuschreiben. — Heute ist er von
dem jüngeren Geschlecht kaum noch gekannt, der brave
König, die festgebaute, kaum mittelgroße Gestalt mit dem
plebejischen Kopfe. Ein Plebejer war er ja, seine Mutter
eine Näherin, sein Vater ein Soldat; aber in das dürftige
Stübchen, worin er geboren, waren dennoch gute Feen
eingetreten, die ihm ihre Gaben an die Wiege gelegt;
ein tiefes Gemüth, eine scharfe Beobachtungsgabe und ein
großes künstlerisches Gestaltungstalent; und was eine
böse Fee unter diese Gaben als die ihre geschoben: die
Neigung zu ein wenig skabrösen Witzen, war bei seinem
vorwiegend starken sittlichen Gefühl nicht bedenklich geworden.
Seine literarische Bedeutung, das Verdienst seiner Muster-
romane, „Die Clubisten in Mainz" und „König Jeromes
Carneval", überragt entschieden das, was seine hessischen

Landsleute Dingelstedt und Mosenthal für die Literatur gewesen sind; natürlich aber hat der arme ehrliche König es nie halb so weit im Leben gebracht als sie.

Ich traf in Ostende einen Bekannten aus der westfälischen Heimat, einen regsamen kleinen Mann, der, wie denn der Menschen Anlagen und Gemüthsrichtungen mannigfach sind, sich durch eine absonderliche Gabe auszeichnete. Es hat wohl nie ein Literaturkenner — denn nach dieser Richtung hin gingen seine Bestrebungen — so gründlich die schmutzige Wäsche der deutschen Literatur gekannt wie er. Er war unerschöpflich in der Chronique scandaleuse aller Derer, die jemals einen bekannten Namen getragen. Daß dabei die Romantiker: die Schlegel, die Brentano, die Z. Werner, die Heinse, die Hoffmann, seine Leib- und Lieblingsautoren waren, brauche ich nicht zu erwähnen; aber auch Jean Paul, Gentz, ja Altvater Goethe selbst schloß er von seiner lebhaftesten Theilnahme nicht aus und war unerschöpflich in lachend hervorgebrachten Charakterzügen von ihnen. In seinen Mußestunden beschäftigte er sich mit Acten des Oberlandesgerichts zu M. und nahm in den Sitzungen des Criminalsenats ein Eckchen in einer sella curulis an dem grünen Tische ein.

Ich muß seiner erwähnen, weil er eines Tages sich mir anschloß zu einem Besuche eines höchst merkwürdigen Menschen, der damals in dem nahen Brügge wohnte. Ein wie ein englischer Reverend aussehender ältlicher Herr, die Physiognomie ein wenig morgenländisch und sehr ge= bräunt, mit schwarzen funkelnden Augen, wie ich seit denen Klemens Brentanos keine mehr so glühen sah, kam an unserem „Weltende" zu uns, um Dr. Kolb bei uns zu suchen, den er kennen lernen wollte. Er stellte sich diesem und uns als der Doctor Wolf vor, der damals sehr be= kannte Reisende, der die große gefahrenumgebene Fahrt nach Khiwa und Bochara gemacht, der ein höchst interessantes Buch darüber in englischer Sprache veröffentlichen werde und der Bruchstücke daraus in deutscher Uebertragung der Allgemeinen Zeitung einverleibt zu sehen wünsche. Es sprach ein eigenthümliches Wesen aus dem Manne, etwas Bewegliches, ja Geriebenes und dann wieder etwas priester= lich Salbungsvolles — in der That war er Priester, Pfarrer sogar, Seelenhirt der anglikanischen Gemeinde in Brügge nämlich. Und welche Schicksale hatte der Mann erlebt, wie sich nun in den nächsten Stunden, die er in unserer Gesellschaft blieb, entwickelte! — denn unser Reverend

war im Mittheilen seiner Erlebnisse nicht spröde — galt
es doch auch, Kolb für die Willfahrung seines Wunsches
zu gewinnen. Ursprünglich deutscher Israelit, war er
Christ geworden, Katholik — dieser Uebertritt hing auf
irgend eine Weise, deren ich mich nicht mehr entsinne, mit
dem Grafen Friedrich Leopold Stolberg zusammen —
zum Priester geweiht, war er nach Rom gekommen, hatte
sich hier von seinem Thatendrang zum Aussprechen ketzerischer
Grundsätze verleiten lassen, bis man ihn in Haft genommen
und tief unten in die Kerker der Inquisition eingesperrt
hatte. Es war dies jedoch eine Lebensepisode, bei der er
— in der richtigen Empfindung, daß er nicht übermäßig
viel Glauben damit bei uns finde — nicht sehr lange ver-
weilte; nur so lange, wie nöthig war, um sich, nachdem er
sich einmal leichtsinnigerweise in den Kerker gebracht, auch
auf nicht gar zu unglaubliche Weise wieder herauszubringen.
Nachdem dies glücklich bewerkstelligt war, gelangten wir
mit ihm nach England, wo die durch gründliche Studien
gewonnene Ueberzeugung, daß allein die anglikanische Hoch-
kirche in ihren zweiundvierzig vom Erzbischof Thomas
Cranmer aufgesetzten Artikeln die lautere evangelische Wahrheit enthalte, ihn in den Schoß der Episkopalkirche ge-

führt hatte, in welcher er es denn wohl wieder zur Aufnahme in den Priesterstand gebracht, nicht aber, schien es, den Schoß einer jener fetten Sinecuren, welche einen so angenehmen Vorzug dieser Kirche vor vielen anderen bilden. Nebenbei hatte er orientalische Sprachstudien betrieben, auch eine Reise in's Morgenland gemacht; und dadurch vorbereitet, hatte er sich einer Gesellschaft zur Disposition stellen können, welche sich in England zu dem Ende gebildet, um zu ergründen, was aus Stobbart und Conolly geworden.

Heute freilich wird niemand in der Welt ein Interesse empfinden, zu erfahren, was aus Stobbart und Conolly geworden. Aber es gab eine Zeit, wo sehr viele Leute in und außer England von dieser Frage auf's Lebhafteste bewegt waren. Es handelte sich dabei um zwei englische Obersten, die nicht gerade mit officiellem Charakter, aber jedenfalls mit officiösen Aufträgen der Regierung von Indien aus sich in die lebensgefährliche Gegend gewagt hatten, in welcher die Namen Samarkand, Chokand, Bochara so viel Ideenverbindungen mit den Gestalten der „Tausend und eine Nacht" hervorrufen. Aus dieser märchenhaften Welt waren die beiden englischen Offiziere niemals zurückgekehrt; die nach ihnen eingeleiteten Nachforschungen hatten die Wahrscheinlichkeit herausgestellt, daß der Chan von Bochara sie habe um's Leben bringen lassen; und nun sollte entweder diese Thatsache festgestellt oder, wenn sie noch am Leben seien, ermittelt werden, wie ihnen zu Hilfe zu kommen sei. Die britische Regierung, welche keine Mittel hatte, auf den Chan von Bochara eine Pression zu üben, wenn sich dazu die Nothwendigkeit herausstellen sollte, lehnte eine officielle Abordnung ab, und so bildete sich ein Privatverein, und in seinem Auftrage war unser Reverend Wolf wohl equipirt ausgezogen, um dahinten im fernsten Morgenland Stoddard und Conolly zu suchen.

Er fand sie nicht, weder den einen noch den anderen; aber was er fand, das waren erschreckliche Gefahren und unglaubliche Abenteuer. In Konstantinopel, in Ispahan, überall hatte man ihn gewarnt, sich in den Machtbereich des blutdürstigen Chan von Bochara zu wagen. Ehren-Wolf aber war unerschrocken weiter und weiter vorgedrungen; er hatte sich auf die Macht des Schwindels auch im Wunderlande der Tausend und einen Nacht verlassen, und darum hatte er dafür gesorgt, daß der Ruf seines Namens vor ihm herziehe und sein Auftreten ihm eine gewisse Unverletzlichkeit sichere. Er kam als großes Religionsoberhaupt des Occidents, ich weiß nicht mehr, ob um für Glaubensfragen schwieriger Art die Lösung im Orient zu suchen oder um zu ergründen, ob das sunnitische Bekenntniß der Bocharesen sich nicht auch passend auf England übertragen lasse, oder unter sonst einem ähnlichen, der überall in der Welt einflußreichen Klasse der Mollahs und Schriftgelehrten angenehmen und schmeichelhaften Vorgeben. Mit Gefolge kam er, wie es im Orient nicht entbehrt werden kann, hochthronend auf dem Höcker seines Kamels, im leuchtenden Seidenkftaan und auf der Brust ein großes Plakat, worauf weithin sichtbar zu lesen stand: „Der Großderwisch von Inglistan und Frankistan." Kein Wunder, daß, als er endlich nach vielen Mühseligkeiten am Ziele seiner Wanderfahrt war und in Bochara einzog, alle Straßen, alle Dächer von Menschen wimmelten, den großen Heiligen des Abendlandes anzustaunen.

Bochara aber war damals etwas wie die Höhle des Löwen, und auch für den anglikanischen Reverend nahmen die Dinge bald eine Wendung, als ob er aus dieser Höhle, in welcher die beiden gesuchten Obersten richtig ermordet worden waren, niemals wieder herauskommen werde.

Nicht eigentlich der Chan war so blutdürstiger Natur, aber sein Vezier. Der Mann war eigentlich und ursprünglich seines Zeichens preußischer Oberfeuerwerker und — wie denn ein tüchtiger Unteroffizier zu Allem verwendbar ist — jetzt nach mancherlei Schicksalen des Herrschers von Bochara allmächtiger Vezier und Minister geworden; um sich in dieser Stellung zu sichern, um keines Fremden Kritik seines Schaltens und Waltens fürchten zu brauchen, ließ er einfach köpfen, was sich von Europäern in's Land wagte. Nach mancherlei Verhandlungen ward auch über Wolf dieses Schicksal verhängt; schon ist der Scharfrichter an ihn abgeschickt, schon bereitet, der abendländische Doctor, auf einem Erdhügel knieend, sich durch Gebet zum Tod, vor, den im nächsten Augenblick das Schwert ihm geben soll — da, in der höchsten Noth, ist auch die Rettung da. Mit Trompetenschall und Paukenschlägen reitet eine feierliche Gesandtschaft des Schahs von Persien ein, abgeordnet, um sich nach dem Schicksal des wunderbaren Großderwischs, den die englische Diplomatie dem König der Könige auf's Dringendste empfohlen hat, zu erkundigen. Sie rettet durch ihr providentielles Erscheinen den armen Reverend, erlangt seine Auslieferung und geleitet ihn sicher wieder zum Lande hinaus.

Nach England heimgekehrt, findet er hier einen, je nachdem man will, überschwänglichen Lohn, der doch nicht ganz „of unquestionable shape" ist. Denn wie einst von Othello Desdemona gewonnen ward durch die Erzählung seiner Abenteuer und Gefahren, schenkt ihm eine schöne Tochter Albinos, Lady Georgiana Walpole, eine Enkelin des großen Robert Walpole — so wenigstens behauptete er — ihre Hand; und nebenbei macht man ihn zum Pfarrer der anglikanischen Kirche zu Brügge in Flandern.

Dort ihn an seinem häuslichen Herde zu besuchen, seine Bibliothek zu besehen, lud er — er tauchte nun öfter in Ostende auf — dringend ein. Ich entschloß mich, da ich auch Brügge genauer kennen lernen wollte, dazu, und mein Bekannter aus M., neugierig wie eine Nachtigal und begierig, in das Heimwesen eines so großen Mannes zu blicken, begleitete mich. Es war eine schöne Wohnung in einem stattlichen alten Patrizierhause, mit goldgepreßten Ledertapeten, mit stuccaturgeschmückten Decken, mit reichem Täfelwerk, die von Lady Georgiana bewohnt wurde; denn Lady Georgiana war am häuslichen Herde unseres Weltfahrers ganz offenbar das einzig und allein bestimmende

Element. Sie hatte eine ältliche, sehr fromme, sehr bibelfeste Gräfin Egloffstein aus Oldenburg zum Besuche bei sich und schien nicht sehr geneigt, uns unser schlechtes Englisch und die allgemeine Unerheblichkeit unserer Persönlichkeiten zu verzeihen und mit Nachsicht aufzunehmen. Und dann war noch ein hoffnungsvoller Jüngling im blühenden Alter von fünfzehn oder sechzehn Jahren da, von Lady Georgianas offenbarem „Mütterwahnsinn" zu einem Schlingel von ganz unglaublicher Unbefangenheit des Verhaltens seinem würdigen Papa gegenüber auferzogen.

Dieser würdige Papa schien überhaupt hier im häuslichen Kreise den Seinen noch weniger zu imponiren, wie er mit seinem Großderwischplacat dem Chan von Bochara und seinem Vezier aus dem Unterofficierstande imponirt hatte. Ich muß leider bekennen, daß auch bei uns, seinen Besuchern, seine Autorität und der Respect vor seiner Gelehrsamkeit um ein Erhebliches abnahmen, als er uns seine von ihm vielgerühmte Bibliothek zeigte. Er schloß nämlich einen mäßig großen Wandschrank auf, und Alles, was wir darin erblickten, bestand aus einigen Scharteken und Stolbergs bändereicher Geschichte der Religion Jesu Christi. Doch muß ich hinzusetzen, daß sich meine

Achtung wieder einigermaßen hob. als er, von der viel fragenden pietistischen Gräfin Egloffstein endlich noch um eine Auslegung der Geschichte von der Rotte Korah und der Bedeutung dieses hebräischen Wortes angegangen, mit seinem verschmitzten Augenfunkeln antwortete: diese Geschichte sei eine Warnung für alles fürwitzige Laienvolk, das seine geistlichen Führer mit zudringlichen Fragen und Besserwissenwollen belästigt.

Ich habe später von dem merkwürdigen Manne nichts weiter vernommen. Nur fand ich in dem Werke Vamberys "Reise nach Persien" seiner ausführlich erwähnt, aber mit völlig anderen Angaben über seine Schicksale als die hier von mir nach dem, was er uns damals in Ostende erzählte, gegebenen. Die Discordanz ist am Ende nicht schwer zu erklären, und es würde sich vielleicht eine noch gründlichere herausstellen, wenn mir das in London seiner Zeit erschienene Buch Wolfs: Travels to Bochara zur Hand wäre.

Die für das Seebadleben bestimmten vier Wochen verflossen rasch in unserem eng geschlossen bleibenden Kreise; Kolb und König reisten ab, wir nahmen den Rückweg über Antwerpen, um vorher diese Stadt kennen zu lernen. Ich suchte hier den damals berühmten, durch das, was man die vlämische Bewegung nannte, getragenen Hendrik Conscience auf — sprich Konziens; er protestirte sehr laut dagegen, daß man ihn durch die französische Aussprache seines Namens zum „Franskillon" mache — und fand eine durchaus nicht sympathische Persönlichkeit in dem vlämischen Dichter, der die Geschichte seines Vaterlandes zu historischen Romanen in einer Weise verarbeitet hat, welche von der in Belgien allmächtigen klerikalen Partei patronisirt wurde — man kennt den Fuß, auf welchem diese Partei mit der historischen Wahrheit lebt, und weiß also, was von Conscience'scher Romantik und Darstellung historischer Epochen zu halten.

Ein sehr lebhaftes Bild ist mir dagegen in der Erinnerung geblieben von einem anderen, bedeutenderen und anziehenderen Manne als der gefeierte Vater des „Löwen von Flandern". Queen Victoria nämlich und Prinz Albert wurden dort erwartet; sie kamen zu der ersten Continentreise der Königin, zu ihrem Besuche des Königs Friedrich Wilhelm IV. auf Stolzenfels. An einem schönen sonnigen Vormittage rauschte über dem breiten Spiegel der Schelde die große königliche Jacht „Victoria und

Albert" heran, das goldene Banner mit dem Leoparden- und Harfenwappen von England am höchsten Mast, begrüßt von den Geschützen der Citadelle. Und als die Ausschiffung erfolgt war, als das Fürstenpaar im offenen Wagen, sich langsam durch die zusammengeströmte Menge bewegend, dicht an uns vorüberfuhr, frappirte mich die Schönheit des noch so jugendlichen Mannes an der Seite der Königin, dieser edle Kopf mit den klaren Zügen, aus denen neben dem Ausdruck selbstbewußter Ritterlichkeit so viel geistiges Leben sprach. Auch König Leopold von Belgien, den ich einige Zeit später auf einem Künstlerfeste in Brüssel sah, hatte einen so eigenthümlich schönen anziehenden Kopf, doch lag etwas zu Weiches, Weibliches, Seelenstilles darin, es war das jedenfalls ein entschieden constitutionelles Königsantlitz. An des Horaz „Ætas parentum, pejor avis, nos tulit nequiores" konnte ich jedenfalls nicht denken beim Anblick des musterhaften Ehepaares auf dem Thron von Großbritannien, nachdem ich als Knabe, wie früher erwähnt, das aufgeschwemmte, fettgewordene Laster, genannt Georg IV., sich in einer unter ihm ächzenden Karosse wälzen gesehen.

An den Sommeraufenthalt in Belgien schloß sich ein

Herbstaufenthalt in Bonn, wo wir vor der Rückkehr nach Augsburg noch für einige Wochen uns des Rheins erfreuen wollten: der Verkehr mit Karl Simrock, sowie der mit Mitgliedern der liebenswürdigen Familie Kaufmann fesselte uns dort; wir lernten Gottfried Kinkel und seine brave und in der unscheinbaren Hülle so seelen- und geistvolle Frau Johanna Kinkel kennen, die den guten oder eigentlich gar nicht guten Bonnern so viel zu reden gaben und in ihrem „Maikäferbunde" doch so harmlose Bestrebungen verfolgten. Alexander Kaufmann, der mir später befreundet wurde, war damals nicht in Bonn; eine seiner Schwestern und Doctor Laurenz Lersch, ein der Hoffnungslosigkeit deutschen Privatdocententhums früh erlegener liebenswürdiger Mensch, schloß sich uns zu den täglichen Partien in der schönen Umgegend Bonns an. Eine nicht sehr mühevolle literarische Thätigkeit lief nebenher, denn ich war schwach genug gewesen, mich von einem Kölner Buchhändler gewinnen zu lassen, um seine fixe Idee, ein neues Rheinisches Jahrbuch, wenn nur mit einem ganz außergewöhnlichen Luxus ausgestattet, mit Kunstbeilagen geschmückt, müsse einem dringenden Zeitbedürfniß entgegenkommen, durch die Redaction eines solchen Buches zu unterstützen. Das Buch erschien denn auch in jenem Herbst, aber obwohl durch Professor Böcking mit Beiträgen aus dem Nachlaß von A. W. von Schlegel, von Annette v. Droste mit Gedichten versehen, lockte weder sein rothseidener Einband, noch seine Holzschnitte nach Gemälden de Keisers, noch sein Inhalt Käufer an — die Zeit der illustrirten Prachtausgaben war noch nicht gekommen, und ich war froh, nicht einen zweiten Jahrgang eines Unternehmens redigiren zu müssen, dessen erster mir schon so fragwürdig in seiner Existenz= berechtigung geschienen. Ein Buch soll ein Ganzes, die Arbeit eines Kopfes, das Werk einer Idee sein, und nicht ein Bazar von den mannigfaltigsten Dingen. Eine Zeit welche in ihren literarischen Hervorbringungen dürftig ist, mag, die noch seltenen Blüthen der Dichtkunst in einem „Musenalmanach" zu einem Strauße sammeln; wenn aber die literarische Production ohnehin an Hypertrophie leidet helfen alle diese sie fördernden Jahrbücher, Almanache und Albums nur, die Fahrigkeit und Unordnung in den Köpfen, für welche schon hinreichend unsere viel zu üppig wuchernde Journalistik sorgt, zu mehren.

Bei der Durchreise durch Köln hatte ich Karl Andree besucht, der damals dort die Kölnische Zeitung redigirte, welche unter ihm zuerst sich zu einer gewissen Bedeutung aufgeschwungen hatte. Frau Markus Du Mont-Schauberg, die berühmte Dame, welche lange Jahre das altehrwürdige Geschäft, in dem die Zeitung erschien, in originell patriarchalischer Weise geleitet hatte, war kurz vorher gestorben und ihr ältester Sohn, Joseph Du Mont, also nun Herr und Meister des Spieles der Welt geworden, nicht der wirklichen freilich, wie Papst Julius II., sondern ihres Spiegelbildes in dem gelesensten Blatte der Rheingegend. Joseph Du Mont aber, obwohl ohne gelehrte Bildung, war eine Natur, die sich geistig so entwickelt hatte, wie es ihr in ihrer Umgebung, den alten reichsstadtkölnischen Anschauungen und Verhältnissen, nur möglich gewesen; er war thätig und energisch, und das englische „Where is a will, is a way" paßte auf ihn, wenn je auf einen Mann.

Mit diesem Willen hatte er sich vorgenommen, in der immer gährender, politisch bewegter werdenden Zeit die Kölnische Zeitung auf ein ganz anderes Niveau zu heben. Karl Andree trat, weil seine schutzzöllnerischen Ansichten nicht zu denen des Eigenthümers und zu den Interessen der großen, immer mehr aufblühenden Handelsstadt stimmten, von der Redaction zurück. An seiner Statt wurde ein junger in Berlin lebender Gelehrter, mein engerer Landsmann Karl Heinrich Brüggemann, dessen staatswissenschaftliche und nationalökonomische Studien ihn mehr der Richtung, welche man Manchesterthum nennt, zugeführt hatten, als Redacteur gewonnen. Er hatte in den Tagen der Demagogenverfolgung unglaublich Schweres erlitten und jahrelang die unwürdigste Behandlung erduldet. Aber es war bewundernswürdig, wie wenig sein heiterer Optimismus dadurch erschüttert und seine Lebensanschauung verdunkelt worden, wie wenig die Verfolgung ihm die Milch der frommen Denkungsart in gährend Drachengift verwandelt hatte. Mit einem Arbeitseifer sondergleichen unternahm er die schwere Arbeit eines gründlichen Umbaus des Fahrzeuges, welches seiner Führung anvertraut wurde, und blieb mit immer gleich heiterem Muth in den Stürmen, welchen es entgegenging, der feste Pilot.

Mir wurde während jenes Aufenthaltes in Bonn die Pflegschaft des Feuilletons der Zeitung angeboten unter Bedingungen, welche abzulehnen thöricht gewesen wäre. Nach einer Unterredung mit Herrn Du Mont in dem Ladenstübchen auf der Hochstraße, hinter dem im dunklen

Hofe die Redactionsräume und die Druckerei lagen — wie klein und eng Alles damals noch im Vergleich mit den Cotta'schen Räumen in Augsburg! — übernahm ich, was mir anvertraut wurde, und stand jetzt nur der bitteren Nothwendigkeit gegenüber, die Lage der Dinge Kolb mitzutheilen und an den Abschied von den Freunden in Augsburg zu denken. Kolb schrieb mir, als ich, was ich gethan, ihm bekannt:

"Liebe Freunde! Ihre Zeilen haben mich schmerzlich berührt und doch nicht ganz überrascht. Ich traute der Rheinnixe nicht, sowie ich hörte, Sie wollten ein paar Wochen da zubringen. Ich weiß nicht, wie ich mich daran gewöhnen soll, Sie nicht hier zu wissen, nicht zu Ihnen gehen zu können, wenn mir das Herz voll ist von freudigen oder leidigen Eindrücken! Und doch, sehe ich, muß ich mich daran gewöhnen. Die Stellung am Rhein ist um so viel schöner, freier, lockender als hier, die Arbeit so viel weniger in Anspruch nehmend und so viel entsprechender Ihrer ganzen Richtung als die unter peinlichsten Geburtsschmerzen langsam sich hervormühende deutsche Politik, daß ich mich blos beklagen, Ihnen blos Glück wünschen kann. Es ist sonderbar, wir weichen in so vielem von einander ab, daß wir zuletzt die Unterhaltung über allerlei Dinge vermieden, um uns durch Zank die gute Laune nicht zu verderben, und doch ist mir jetzt, wo ich Sie verlieren soll, als ginge ein Stück mir vom Leben mit! . . . Versprechen Sie mir eines: wir müssen uns jedes Jahr einmal sehen. Die Welt soll uns so ganz nicht trennen können, daß am Ende selbst die Erinnerung erbleichte. Wir wollen sie auffrischen, ja wir wollen uns überzeugen, daß, was in der Nähe nicht immer zusammenklingen wollte, in der Ferne zusammenwächst, als wäre es einem Stamme entsprossen —"

Und was die anderen Augsburger Freunde anging — nun ja, wir trennten uns schwer von ihnen; aber man leidet, solange man jung ist, solange man noch die Welt offen vor sich daliegen sieht, an einer verruchten Zigeunerhaftigkeit des Gefühls. Man weiß die herzliche warme Zuneigung, die man gefunden, nie nach dem ganzen Umfang des Werthes zu schätzen, den nur das Gemüth des gereifteren Menschen ermißt. Und so reißt man sich leichtherzig aus einem Boden, in dem unser Wesen Wurzeln geschlagen hat, los — daß manche Wurzeln dabei abgerissen und in dem Boden stecken geblieben sind, fühlt man erst später, wo sie leise nachzubluten beginnen.

Köln.

Also Köln! Ich stehe auf meinem Rundgang durch's Leben vor einem neuen Glase des Panoramas und sehe dahinter die Stadt der heiligen drei Könige im weitgeschwungenen Halbkreis am breithinfluthenden Strom gelagert. Die Stadt mit Römerthürmen und hundert alten Kirchen, voll Schöpfungen des Mittelalters, voll Historien, Legenden, Sagen und eigenthümlichem Volksthum, durchschwirrt vom schnödesten Volksdialekt, der in Deutschland gesprochen wird, und dabei doch die Heimstätte des allermodernsten Lebens, wie es der Weltverkehr, die Weltbeziehungen der Industrie, des Handels, der Börse hervorrufen und ausprägen — dies Köln, das mir stets, wenn ich es auf Durchreisen berührt hatte, einen Eindruck so ganz absonderlicher Art gemacht.

Ich erinnere mich eines lebhaft erregten Abends zum Beispiel, den ich auf einer dieser Durchreisen in Köln zubrachte in völliger Einsamkeit; ich saß in meinem im Parterre liegenden Zimmer des Gasthauses und blickte auf einen kleinen Garten hinaus — ich glaube noch das roth- und gelbgefärbte Laub der Weinreben zu sehen, auf welchem der helle Abendsonnenschein lag, langsam emporsteigend und leise den von unten aufglimmenden Schatten weichend. Aber über die Gartenmauer blickte der Thurm irgend eines Heiligen mit seiner Rundbogenstellung und seinen eigenthümlichen Bauformen, welche man damals niederrheinisch-byzantinisch nannte, und aus dem Thurme tönte das Geläut der Glocken mit seinem fremden ungewohnten Klang — und stets hat nichts für mich eine eigenthümlichere, die Phantasie erregendere Wirkung gehabt als der Schall einer Glocke, die mit einem ganz neuen und fremden Organ aus ihrem altersgrauen Thurme herabsprach von all dem Zeitenwechsel, den Gestaltungen und Ereignissen der Jahrhunderte, die an seinem Fuß vorüberzogen. Die Steinfigur eines alten römischen Imperators stand, halb von dem gelbrothen Weingerank bedeckt, in der Ecke der Mauer. Was bedurfte es mehr, um, der ganzen Gegenwart entrückt, in eine fremdartige Welt versetzt, den ganzen dramatisch bewegten Roman der Geschichte dieser mirakulösen heiligen Stadt Köln an sich vorübergehen zu sehen. Ich dachte an Agrippina, die eine Kölnerin war, an Germanikus, an die Cäsaren, welche vom Capitol dieser Stadt aus in die rauschenden unendlichen Bergwälder jenseits des Rheins zogen zu unfruchtbarem Ringen mit dem gefährlichen gelbhaarigen Volk da drüben; an die Herrscher der großen Frankenmonarchie, die auf demselben Capitol ihre Königspfalz bauten und von dort aus das große austrasische Reich lenkten, nebenbei wohl auch sich einander dort erwürgten, wie es dem armen Könige Dietbert geschah; an Plektrudis, die arme verlassene Frau, welche auf dem Capitol die hochragende alte Kirche baute. Plektrudis! Von dem Kirchenbau dieser von ihrem Gatten verstoßenen Frau hatte ich in einer Schrift voll überschäumender Romantik („Der Dom zu Köln und seine Vollendung", Köln 1842) eben vorher geschrieben: „Die weinende Treue hat sich eine stille Zuflucht gegen die unendliche Betrübniß bauen wollen — und siehe, es ist ein Haus Gottes daraus geworden. Während Plektrudis auf den Steinen dieser Kirche liegt und für ihren Gemahl um die Gnade des

Himmels betet, zieht Pipin von Heristall aus seinem Saalhof zu Chelles dem Walde von Livry zu, um den Reiher zu jagen; und er ist nicht allein: eine weibliche Hand schaukelt an seiner Seite das schellenklingende Federspiel und zügelt das flüchtige Jagdroß. Die Strahlen derselben Sonne, welche durch die Scheiben der Marienkirche zu Köln auf die bleiche Stirn seiner Gattin fallen, verfangen sich in den wehenden Gewändern eines schönen, dunklen fränkischen Weibes, das mit Pipin dem Walde von Livry zureitet. Dieses fränkische Weib ist Alpais, vor deren Hochmuth die vertriebene Plektrudis in Köln hat Schutz suchen müssen."

Plektrudis! Was ist mir, was ist der Welt heute diese Hekuba; aber solche Gestalten der Vergangenheit, schon der Klang von Namen großer Erscheinungen der Geschichte konnten mich damals wunderbar bewegen; und Köln hatte der Erinnerungen an solche Gestalten, in denen sich die großen Wandlungen der Epochen und der die Menschheit beherrschenden Gedanken ausdrückten, ja über und über genug. Und in dieser merkwürdigen Stadt, welche ganz so düster, enge und winkelig aussah, wie es solch einer Hochwarte der Geschichte zukam, sollte ich nun die sieben nächsten Jahre meines Lebens zubringen.

In der engen Hochstraße, nicht weit von dem kleinen Platze, den jetzt Bismarcks treffliches Standbild schmückt, nahm uns im Herbst 1845 ein geräumiges Quartier im zweiten Stock eines neugebauten Hauses auf, in dem sich zunächst sehr unangenehm der Wechsel mit der stillen friedfertigen Sanct Anna=Straße zu Augsburg fühlbar machte — man weiß, wie die schmale Hauptverkehrsader Kölns lärmerfüllt und in ewigem Tosen drangvoller Bewegung ist. Aber auch in der Menge der sich bald anknüpfenden geselligen Beziehungen zeigte sich das Leben der großen Stadt, hier noch gesteigert durch die Gastlichkeit und das offene Wesen der rheinischen Stammesart. Augsburger Freunde hatten uns durch Empfehlungen in Beziehung gebracht zu der haute finance der Handelsmetropole; die Literatur war in Köln vertreten durch Roderich Benedix und Gustav Pfarrius; meine Frau fand zu ihrer Freude eine liebe Pensionsfreundin an den Chef eines Bankhauses in Köln verheirathet. Dazu gesellten sich die zahlreich diese Station des Weltverkehrs berührenden Fremden — ich erinnere mich am lebhaftesten eines, der nach einem übermüthigen Pochen mit dem Ende des Stockes an meine Thür mit Roderich Benedix zugleich eintrat, laut und voll des frischen Kraftgefühls, das ihm bis heute treu geblieben, denn es war Heinrich Laube, auf der Durchreise, wenn ich nicht irre, nach Paris. Er kam, wie er sagte, „ein Hühnchen mit mir zu pflücken", er hatte die „Bernstein= hexe" dramatisirt in dem guten Glauben, es mit einer echten alten Chronik zu thun zu haben, wie alle Welt es gläubig annahm, und ich hatte in der Allgemeinen Zeitung nachgewiesen, daß das so viel gelesene Buch ein Roman des Pfarrers Meinhold sei, was ihm nun die Freude an seiner Arbeit nahm. — Ein anderes Mal war es ein Vetter meiner Frau, der anklopfte, der Kammerherr F. v. Gall — er kam aus Oldenburg, wo er Intendant des Theaters war, wo er mit Julius Mosen mit A. Stahr vereint voll des besten Eifers für die deutsche Bühne ge= wirkt, und war im Begriff, nach Stuttgart, dem Schau= platz seiner späteren Thätigkeit, auf welchen sein ehrgeiziger Idealismus an sehr realen Verhältnissen sich bald erkälten sollte, dem Rufe zu folgen, den er als Bühnenlenker dahin vom Könige Wilhelm erhalten hatte. Dann kam Moritz Hartmann, der Adonis mit dem schwarzen Vollbart, nach Köln — wer aber zu uns am öftesten kam, und zwar nicht aus der Ferne, sondern nur vom „Klingelpütz" in der Nähe des Gereonthores, wo er wohnte, her, das war Roderich Benedix, der bald etwas wie ein lieber Hausfreund bei uns wurde. Benedix wohnte damals in Köln, zeitweise dem von einem Director Spielberger geleiteten Theater attachirt und zeitweise ohne Beziehung zu diesem; seine Dramen brachten sehr mäßige Früchte, seine Lustspiele hatten solche Theater, welche Tantièmen zahlten, sich nur sehr vereinzelt erobert; er hatte eine nicht kleine Familie, und so ging es ihm damals eigentlich trotz seines Fleißes recht schlecht. Die Frau stand tief unter dem Niveau seiner Bildung, und wem ein Einblick in seine Häuslichkeit wurde, gewahrte bald, daß hier einmal wieder ein deutscher Poet auf einem jener harten Betten liege, welche die „deutsche Reichskaserne" — würde Tissot sagen — ihren Schriftstellern damals anwies. Das aber that dem guten Humor des lebensfrohen, kräftig gebauten und von der Natur mit einem angenehmen Durst begünstigten Mannes keinen Eintrag. Ein heiteres, leichttragendes Gemüth ist der Lohn aller sehr gutmüthigen Charaktere. Ihre milde Auffassung der Dinge und der Menschen läßt keinen Groll wider das Schicksal in ihnen aufkommen, und wo ein anderer sich geärgert und bitter abwendet, sehen sie „die weißen Zähne des Hundes". Roderich Benedix war dabei in seiner Jugend ein schöner Mann gewesen und auf seinen regelmäßig geschnittenen Kopf mit dem reichen blonden Vollbart nicht wenig eitel. Sein Unglück war, daß er zu früh an eine „Schmiere", wie es in der Theatersprache heißt, gerathen, daß die Jahre der Ausbildung und des Schulegehens an ihm vorübergegangen, ohne ihm hinlängliches Wissen zu bringen und ohne seinem Geist höhere Aspirationen einzuflößen als die, wirksame aber doch bedenklich hausbackene Lustspiele zu schaffen. In unserem langen Verkehr mit ihm, in welchem er uns die Entwürfe seiner Lustspiele vorzulesen pflegte, war es unser stetes Bestreben, ihn zu einer Pflege des Dialogs zu bewegen, welche diesen veredle, die Sprache wenigstens auf ein höheres Niveau hebe — aber umsonst; er blieb dabei, seinen Dialog zu schreiben wie ein anderer neuer Bekannter, wie der gute Wolfgang Müller von Königswinter seine trivialen Prosaaufsätze — mit jener erstaunlichen Leichtigkeit, welche die Wahrheit des Wortes: Le temps n'épargne pas ce qu'on fait sans lui, gar nicht ahnt — nur immer frisch darauf los! Wolfgang Müller war ebenfalls ein guter liebenswürdiger Mensch, der in seiner Jugend die schönsten gemüth-

vollsten Gedichte gemacht hat — mit seiner Prosa aber,
der ich einen Platz im Feuilleton der Zeitung einräumen
sollte, hätte er mich nicht kränken sollen.

Ich habe in Köln viele, viele Stunden zusammen mit
dem ehrlichen Roderich verlebt und zugebracht. Da wir
beide Freunde des Reitens waren, so pflegten wir diese
Kunst mitunter gemeinsam und sprachen dabei auf diesen
Spazierritten von unseren literarischen Plänen — beide
auf Schimmeln reitend und noch zu jung, um vor dem
Spott, verschimmelte Literatur darzustellen, besorgt zu sein.
Auf einem dieser Ritte entstand die Idee zu seinem Lust=
spiel: „Das Lügen", in welchem ebenfalls ein Schimmel
eine Rolle spielt.

Roderich Benedix war in Köln sehr populär und all=
gemein beliebt. Als er um einen ausgeschriebenen Lust=
spielpreis concurrirt und den Preis nicht erhalten
hatte, obwohl seine Arbeit sich später auf der Bühne als
die entschieden wirksamste erwies, hatten seine guten Freunde
in Köln den sinnigen Einfall, die ganze Preissumme im
Stillen zusammenzuschießen und ihm zu überreichen.

Einer markanten Persönlichkeit muß ich sodann er=
wähnen, die uns ein wenig später, im Herbst 1846, bekannt

wurde. Es war ein hochgewachsener, magerer, eleganter, ein wenig vorgeneigt gehender Herr in reiferen Jahren, von dem es nicht recht erklärlich, wie er unter die Dichter gerathen; denn zu ihnen rechnete er sich, seitdem er durch einen starken Band „Gedichte" (Stuttgart, 1845) den Beifall der Welt erstrebt hatte, den diese ihm, obwohl sie durchaus nicht ohne Bedeutung waren, doch schnöde versagte. Nach Köln kam er, um mich bei der Redaction einer Unzahl von Epigrammen und Sinngedichten zu Rathe zu ziehen, welche er seitdem verfaßt hatte — jeden Abend erschien er bei uns um die Zeit der Theestunde, uns aus einem seiner zahllosen, sauber copirten Hefte seine Chrien vorzulesen und zu hören, was uns einer Auswahl aus all diesen tausend Gedankenspänen einverleibt zu werden geeignet scheine — und beinahe jeden Abend erlebte er den Verdruß, diese Stunden, die er so gern seiner Muße gewidmet gesehen hätte, durch Abendbesuche unserer Bekannten gestört zu erblicken. Wir dagegen bedauerten den Ausfall einer Unterhaltung durch oft sehr witzige, aber am Ende doch monoton werdende Epigramme weniger und erfreuten uns des Gesprächs des klugen und vielerfahrenen Mannes, der aus seinem Leben so viel zu berichten wußte. Er nannte sich Karl Friedrich Freiherr von Schweizer und stammte, wie er sagte, aus einer Schweizer Familie — geboren etwa 1797. Seine Jugendschicksale sind mir unenthüllt geblieben — er war nach Rußland in Militär-, in Civildienst gekommen, Referent der Bittschriften und Gnadensachen im Gefolge des Kaisers Nikolaus geworden, dann auf besonderen Wunsch des Fürsten Metternich der russischen Botschaft am Wiener Hofe zugetheilt worden. Zuletzt war er als Dirigent in die oberste Censurbehörde in Petersburg berufen. Da eine solche Thätigkeit jedoch seinen Neigungen widerstrebte und seine Gesundheit das Klima Rußlands nicht ertrug, hatte er seine Entlassung erwirkt. Er lebte seitdem als russischer Staatsrath a. D. zurückgezogen in Stuttgart, umgeben von einer werthvollen Sammlung von Gemälden und Kunstgegenständen. Zu diesen biographischen Notizen, welche er selber mittheilte, fügten mißtrauische Schwabengemüther als „Note unter dem Text": einer jener spionirenden politischen Agenten, wie Rußland damals ihrer so viele in Deutschland hielt. Was daran wahr, weiß ich nicht, er machte uns durchaus nicht den Eindruck eines solchen; vielmehr den einer warmherzigen Natur voll lebhaften Gefühls und Wohlwollens, erfüllt von einem gewissen wehmüthigen Bewußtsein eines Lebens ohne große Resultate und dem Gefühl innerlicher Vereinsamung. Die vollendete Weltbildung des Diplomaten wurde bei ihm von einem gewissen Humor gewürzt, der sich am ergötzlichsten entwickelte, wenn er uns von den mancherlei wunderlichen Bitten und Verlangen erzählte, welche im Cabinet des Kaisers Nikolaus durch seine Hände gelaufen; von den unglaublichsten Motivirungen der Gesuche um Gnaden aller Art und namentlich russische Orden. Einen Sanct Annen-Orden oder etwas dergleichen hatte ein schlesischer Grande sich ausgebeten, weil Kaiser Nikolaus ihn als Knäblein einmal auf's Knie genommen, als er bei Gelegenheit eines Manövers als Gast seiner Eltern Haus betreten.

Baron Schweizers sich durch etwa fünf bis sechs Wochen ziehender Verkehr mit uns sollte ein plötzliches erschütterndes Ende finden. An einem stürmischen Abend — es war Charfreitag des Jahres 1847 — nach einer lebhaften und angeregten Unterhaltung, welche sich bis elf Uhr hingesponnen und die am folgenden Tage bei einem nachmittäglichen Spaziergang auf der über den Rhein führenden Schiffbrücke fortgesetzt werden sollte, schied er wohlgemuth von uns, in sein Hotel zurückzukehren. Am folgenden Tage erschien er jedoch auf der Schiffbrücke nicht, und wir haben ihn überhaupt nie wieder gesehen. Er hatte am Abend zuvor, kaum in sein Hotel zurückgekehrt, nach frischem Wasser, nach einem Arzt verlangt — als der nächstwohnende Arzt gerufen und herbeigeeilt war, fand er ihn todt auf seinem Bette liegend; ein altes Herzleiden hatte seinem Leben so plötzlich ein Ende gemacht. Ich habe dann für die Erfüllung des Wunsches, der ihn zu uns geführt: seine Epigramme und Chrien gesichtet und die besten zusammengestellt zu sehen, zu sorgen gesucht und die Auswahl als Büchlein herausgegeben unter dem Titel: "Welt und Zeit. Aus dem Nachlaß eines russischen Diplomaten." (Berlin, H. Schindler, 1855.) Das kleine Buch ist wohl nicht mehr gelesen worden als Schweizers "Gedichte", obwohl es eine Fülle geistvoller und witziger Aphorismen voll schlagender Wirkung und Wahrheit enthält.

Niemand hat mehr Gelegenheit, seltsame Menschenkinder, verschrobene Köpfe und wunderliche Existenzen kennen zu lernen, die Begehren mannigfachster und oft unerfüllbarster Art an ihn stellen, als ein Redacteur eines großen Blattes. Zu den merkwürdigsten Menschen, deren ich mich aus jener Zeit erinnere, gehört eine schwergewichtige Männergestalt mit schwarzem Haar und dicken schwarzen Brauen, ein Mensch beinahe vom Typus des Moses von Michel Angelo, nur mit leidigen Plattfüßen versehen, die zu diesem Typus nicht stimmten — ein Mann, der sich als Herr v. W. aus Brüssel vorstellte, bereit, durch seine Geistesgaben das Feuilleton unserer Zeitung zu unterstützen. Die Leistungen dieser Geistesgaben waren nicht gerade hervorragend, aber verwendbar; seine Bildung war lückenhaft; aber der Mann sprach gewandt, lebhaft, citirte mit Witz seinen Lieblingsautor Rabelais, sang mit einer guten Baßstimme, wußte allerlei Empfehlendes geltend zu machen und zog dazu durch ein gewisses Geheimniß an, welches über seiner bisherigen Existenz lag. So entwickelte sich ein Verkehr mit ihm, der nach und nach lebhafter wurde; Herr v. W. wußte sich zuletzt sogar eine Stellung an der Zeitung als Redacteur des französischen Artikels zu gewinnen, correspondirte auch für die Times, die Independance, wie er sagte, und lebte im Uebrigen sehr zurückgezogen hinter den stets sorgfältig verschlossenen Thüren seiner Wohnung. Eines Tages bewog er mich, einen Ausflug mit ihm in die Nachbarschaft des Städtchens

Zülpich zu machen, wo er einen alten Edelhof, ein Burghaus mit einigem Areal anzukaufen die Absicht habe und ich mein Parere dazu geben sollte. Wir betrachteten uns also die romantische alte Burg und das historische Tolbiakum mit seinen merovingischen Erinnerungen und fuhren über Düren heim. Auf der Heimfahrt trafen wir im Coupé mit einer Familie aus Frankfurt zusammen; während ich mich mit den Eltern, braven gebildeten Leuten aus dem Kaufmannsstande, unterhielt, machte H. v. W. mit der hübschen Tochter Bekanntschaft, flüsterte bald unausgesetzt mit ihr, und als wir, in Köln angekommen, heimgingen, erzählte er vergnügt, daß er das Herz der jungen Dame so rückhaltlos gewonnen, daß sie ihn am anderen Tage auf dem Dampfschiff, welches die Familie rheinaufwärts weiterführen sollte, erwarte, um bei ihren Eltern um sie anzuhalten — was ihm natürlich im Traume nicht einfiel. Kein weibliches Wesen widerstehe, sagte er, einem Manne, der ihr die richtige Gluth rasender Leidenschaft vorzugaukeln wisse — auch wenn er nur, wie soeben er, zwei Stunden Zeit dazu habe.

Bei solchen ethischen Grundsätzen und da nach und nach ärgere Schwindeleien des Herrn v. W. zu Tage kamen, war seines Bleibens in der Redaction und in Köln nicht länger; er zog sich auf's Land in die Nähe von Brühl zurück, und von hier decampirte er eines Tages urplötzlich zur unangenehmen Ueberraschung des Herrn, der ihm daselbst eine kleine Villa vermiethet hatte. Mir ist die merkwürdige Gestalt dieses Mannes immer der Typus der zahlreichen Menschen gewesen, die einen bewundernswürdigen Fonds von Lebenskraft, Energie und Klugheit mit beharrlicher Consequenz dazu verwenden, sich durch eine Kette der zweifelhaftesten und gefährlichsten Lebenslagen zu schlagen, während sie mit der Hälfte der Mühe auf ehrlichen Wegen durch ihre Begabung das beste Loos erringen könnten.

Schon um des Gegensatzes willen muß ich an dieser Stelle eines anderen Mannes erwähnen, mit dem ich in jenen Tagen in Berührung kam und dem ich bis zu seinem vor einigen Jahren erfolgten Tode befreundet blieb — eines guten deutschen Biedermannes mit einem warmschlagenden patriotischen Herzen, dessen Gedächtniß in seiner bergischen Heimath nicht erlöschen wird. Er hieß Vincenz von Zuccalmaglio und stammte aus einer hochgebildeten literarisch angeregten Familie, die zuletzt in Mülheim am Rhein ansässig geworden. Ein Bruder hat sich unter dem

Namen Wilhelm v. Waldbrüel einen geachteten Namen
als Dichter und Sammler von Volksliedern gemacht —
Vincenz, der die Notariatscarriere eingeschlagen und damals
auf einem kleinen Gute im Bergischen lebte, hatte sich mit
der Geschichte seiner engeren Heimath beschäftigt und unter
dem Pseudonym Montanus ein zweibändiges Werk zu=
sammengestellt, worin er die Geschichten, Mären und Sagen
der Länder Jülich, Kleve und Berg bearbeitet und gesam=
melt hatte. Als zwei zu Geschichtsklitterung geneigte
Männer fanden wir bald genug die Berührungspunkte,
deren einer sogar bis in's fünfzehnte Jahrhundert zurück=
ging — er hatte unter seinen Vorfahren jenen merkwür=
digen Cardinal=Erzbischof Zuccalmaglio von Graz, der das
Baseler Concil neu constituirt wollte, und ich unter den
meinen einen Rector magnificus der kölnischen Universität,
der diese bei jenem Concil vertrat ... wir fanden das
aus, nicht ohne den naheliegenden Gedanken des: Heu,
quantum mutati ab illis! Ich besuchte Zuccalmaglio
auf seinem Gütchen im Bergischen, er machte mich mit dem
stillen, in Waldbergen versteckten Wiesenthale bekannt, in
dem wie in verzauberter Verschollenheit der Dom von
Altenberge sich erhebt, die Kölner Kathedrale in verjüngtem

Maßstabe, ein Punkt, der von da an ein Lieblingsziel späterer Ausflüge für uns wurde. Von dieser alten Abtei, von den anderen historischen Punkten, den denkwürdigen Geschehnissen und Menschen, den Sitten und Gebräuchen des Volkes wußte Montanus wie eine lebende Chronik zu erzählen; mannigfache im Laufe der Zeit von ihm herausgegebene Bücher haben ihm das bleibende Verdienst erworben, einen Theil dieses Wissens der Nachwelt zu erhalten. In seinen letzten Lebensjahren hat Zuccalmaglio als Notar in Grevenbroich mit seiner patriotischen Wärme und seinem bis in's Alter ihm treugebliebenen Eifer für Licht und Wahrheit sich als mannhafter Verfechter des Staatsgedankens im Culturkampf erwiesen und das kleine Denkmal, das dem schlichten treuherzigen Manne seine Mitbürger dort gesetzt haben, wohl verdient. Seine Bücher haben außerhalb seiner Heimath wohl wenig Beachtung gefunden; um ein ordentliches Buch zu schreiben, fehlte ihm die künstlerische Anlage, welche dazu gehört; aber diese Schriften stecken voll charakteristischer Züge zur Culturgeschichte, und in keinem Landstrich ist wohl mehr zur Aufzeichnung der alten Geschichten, Traditionen und Volkserinnerungen geschehen als durch ihn im bergischen Lande.

So erweiterte sich der Kreis der Bekannten in zumeist erfreulicher, oft doch auch störender Art. Köln ist der Knotenpunkt für den Verkehr zwischen Nord und Süd und Ost und West; man verlebt nicht viele Tage dort, ohne einen Bekannten, auf irgend einer Reise begriffen, erscheinen zu sehen, einen Durchziehenden, der uns zu besuchen kommt, zu empfangen. Dazu erweiterten sich unsere geselligen Beziehungen in einer Weise, welche die stille ungestörte Pflege der Muse bald äußerst schwierig machte. Ich hatte den ersten Schritt zu einem literarischen Erfolge mit meinem Roman „Die Ritterbürtigen" gemacht. Es währte lange, bis ich zu einem zweiten kam — die Strömung bewegten Lebens um uns her ward zu stark dazu. Dem mir anvertrauten Feuilleton suchte ich etwas von dem die geistigen Erscheinungen der Zeit berücksichtigenden Inhalt der Beilage der Allgemeinen Zeitung zu geben, was aber in dem engeren Rahmen kaum gelang, obwohl ich Gutzkow, Dingelstedt, Häuser, Stahr, W. v. Chezy, Spindler, den geistreichen Francis Grund und viele Andere für die Mitarbeit gewann; langathmige, nicht endende Romane waren noch ausgeschlossen, dagegen jungen auftauchenden Talenten wie W. Fischer, H. Hersch die Schranken geöffnet — zu einer gedeihlichen Entwickelung aber war bei den entmuthigenden Rücksichten, welche der Verleger auf die Censur und auf den in Köln noch so mächtigen Klerus zu nehmen hatte, nicht zu gelangen. Nichts war ergötzlicher, als Joseph Du Mont in humoristischer Weise Censur-Anekdoten aus seinem Leben erzählen zu hören, deren Mittelpunkt zumeist ein alter, mit der Censur beauftragter Polizeirath Doleschall war. Herr Doleschall hatte wirklich eines Tages die Inseratenanzeige der Göttlichen Komödie gestrichen, weil man mit göttlichen Dingen nicht Komödie zu spielen habe. Und weil er einst einen Verweis erhalten, daß er einem Correspondenzartikel „Von der Murg" das Imprimatur ertheilt, hatte er lange Zeit consequent alle von einem kleinen Flusse in Deutschland datirten Artikel gestrichen, sie mochten nun „Von der Leine", oder „Von der Aller", oder „Von der Pleiße" überschrieben sein — der Henker soll die Schreibereien von dem kleinen Bachzeug holen, hatte Doleschall gesagt und unerbittlich gestrichen. Und da in Köln nun noch die drückende nicht officielle Censur des klerikalen Einflusses hinzukam, zogen sich die gewonnenen Mitarbeiter bald wieder zurück; nur Adolf Stahr ist — aber freilich nach 1848 — lange treu geblieben. — —

Paris.

Ich bin der Zeitfolge vorausgeeilt, ich hätte, als in das Frühjahr des Jahres 1846 gehörend, eines längeren Ausflugs nach Paris erwähnen sollen. Um nach Paris zu gelangen, bedurfte es damals noch etwas, was den Namen einer Reise verdiente — die Eisenbahn führte bis Brüssel, bis zur belgisch-französischen Grenze — darüber hinaus aber hieß es, sich den Herren Lafitte und Caillard anvertrauen, die auf dem Kieselsteinpflaster der französischen Chausseen schwerbelastete Räderungsapparate, genannt Diligencen, coursiren ließen, in welchen man zuerst Valenciennes erreichte, wo man einen regelrechten Paß auf dem Rathhause zu hinterlegen hatte; gegen den ausgehändigten Schein hatte man dann in Paris auf der Polizeipräfectur ihn persönlich wieder abzuholen.

Nachdem man sich diesen Vorbedingungen unterworfen und nach einer vielstündigen Fahrt durch den damals noch unendlich viel ärmlicher als heute aussehenden Theil des nordöstlichen Frankreichs gelangte man endlich in die weitgedehnten Vorstädte, die endlose Rue du Faubourg St. Martin und so in das „Herz der europäischen Civilisation".

Hotel Violet, Passage Violet, Rue du Faubourg Poissonière hieß der vielfach von Deutschen aufgesuchte Gasthof, der mir Dach und Fach gewährte. Ich glaube, Gutzkow hatte ihn mir empfohlen; dieser war bereits seit Wochen in Paris und wohnte in der Nähe, im Hotel der Cité Bergère. Als ich ihn — vorläufig außer M. Hartmann der einzige Bekannte, den ich in Paris hatte — besuchte, fand ich ihn mit allem Sinnen und Denken in eine große Arbeit vertieft; er schrieb an einem Trauerspiel in Versen, mit dem Titel: „Uriel Acosta", und unsere Unterredung wandte sich bald einem solchen Stoff in solcher Form zu. Ich verhehlte ihm das Bedenken nicht, daß das Haupt der Schule der Modernen, der Führer des jungen Deutschlands, das so stürmisch nach einer ganz neuen, von Zeitgedanken durchtränkten Literatur verlangte, bei einem Zurückgehen auf die alte klassische Tragödie in Jamben und fünf Acten eine Inconsequenz begehe — er setzte jedoch auf sein Werk Hoffnungen, welche sich dann ja auch auf's Glänzendste erfüllen sollten. Er ging mit mir, um mir ein Stück Paris, und zwar das glänzendste, die Place de la Concorde, zu zeigen. Dabei erzählte er, daß seine Freundin, Frau Therese v. Bacheracht aus Hamburg, die Gattin des dortigen russischen Ministerresidenten und Tochter des gelehrten Astronomen v. Struve, in Paris sei, daß sie Paris noch nicht kenne, fast so wenig als ich, daß seine Arbeit ihn abhalte, sie auf den Wegen zu den Sehenswürdigkeiten der Hauptstadt zu begleiten, und daß er mir seine Stellvertretung dabei übertragen wolle. Ich war damit sehr einverstanden; wir gaben uns für den Abend ein Rendezvous, und von diesem führte er mich in dem kleinen Salon der liebenswürdigen und anmuthigen Frau ein — dieser ganz aus Güte, Wohlwollen und Bescheidenheit bestehenden lauteren Seele, deren Loos es war, mit treuer Hingebung die Schicksalswege eines Mannes zu begleiten, dem es nun einmal nicht gegeben war, um sich her Glückliche zu machen. Ob Frau Therese mit dem Stellvertreter für seine eigene Führung, den Gutzkow ihr vorstellte, so zufrieden war wie ich, weiß ich nicht, jedenfalls nahm sie die Sache mit der größten Güte auf, und am anderen Tage begannen wir unsere Wanderungen durch die Weltstadt — nach Notre-Dame, dem Hotel Sommerard, nach Saint Sulpice, dem Louvre und dem Pantheon und zu den Tomben von Voltaire und von Rousseau in der Krypta desselben. Eine Nichte der Frau v. Bacheracht, die im Begriffe stand, sich zu Verwandten nach Washington zu begeben, begleitete uns auf diesen Streifzügen, welche zumeist zu Fuß gemacht wurden. Es war die angenehmste und anregendste Gesellschaft, in welcher ich die großen und kleinen Wunder, die sich dem Touristen als Zollstätten der Bewunderung entgegenstellen, besuchen konnte; die vierzehn so verlebten Tage sind mir in schönster Erinnerung geblieben, und daß auch Frau v. Bacheracht ihrer später freundlich gedacht hat, beweist mir eine kleine Reihe von Briefen von ihr. Nachdem sie Paris verlassen, war sie über Frankfurt a. M. im Herbst nach Hamburg und zu einem achtwöchentlichen Aufenthalt nach Berlin gegangen, um dann den Winter in Dresden zuzubringen. Von hier aus schrieb sie mir am letzten Tage des Jahres 1846 nach einer Klage über die tödtliche Ermüdung, worein das Berliner Hof- und Gesellschaftsleben sie versetzt: „Ja, ja, man ist verwöhnt durch Paris, durch diesen frischen anregenden Athem, durch diese Heiterkeit, die nirgends so als eben da ist. Doch habe ich manche interessante Bekanntschaften erneuert und habe besonders mit Warnhagen, Herrn v. Humboldt, der Paalzow, Fanny Lewald, Sternberg und Schellings verkehrt. Recht angenehm war mir die Beziehung mit der Prinzessin von Preußen, die sehr strebend, gütig und voll Theilnahme für alles Bessere ist. — Gutzkows Ernennung zum hiesigen Dramaturgen fiel in diese Zeit und bewegte mich sehr. Zuerst beweinte ich seine goldene Freiheit, die nothwendigen Rücksichten, die diese Stellung hervorruft. Dann aber habe ich mich überzeugt, daß seine Frankfurter Entwurzelung unendlich wohlthätig auf ihn einwirken und ihn der prickelnden Gewohnheiten jenes Alltagslebens überheben wird. Dabei ist die Sache ehrenvoll. Herr von Lüttichau ist voll Vertrauen, ja ich darf sagen voll Hingebung, er läßt Gutzkow volle Gerechtigkeit widerfahren und denkt gewiß nicht mit Unrecht, daß das Theater unter dieser Leitung nur gewinnen kann. Gutzkow macht es sich freilich nicht so leicht wie Dingelstedt, der gar nichts thut, im Gegentheil macht er es sich vielleicht zu schwer. Doch wird sich dieser excès de zèle wohl nach und nach geben.

— Karoline konnte in Washington Ihren Bruder immer noch nicht auffinden. Das Kind ist wohl und voll europäischen Heimwehs. Grüßen Sie mir Ihre liebe schöne Frau auf's Zärtlichste und empfangen Sie für sich meine allerbesten Wünsche zum neuen Jahr! Therese."

Gutzkow hat Ursprung und Beginn seiner Beziehungen zu Frau Therese, die er ihrer lebhaften ihm entgegenkommenden Theilnahme verdankte, als er durch den Mißerfolg seiner „Schule der Reichen" in der Hamburger Kaufmannswelt tief verdüstert war, in seinen „Rückblicken auf mein Leben" geschildert. Daß solche Beziehungen nicht ohne Commentar blieben, ist natürlich — boshaft und schlecht war dabei nur, wenn man bei dieser Gelegenheit einen Stein auf Theresens Vorleben warf und aus der Zeit ihres Aufenthaltes in Rußland, wo sie in dem Fräulein-Institut der Kaiserin erzogen worden war, von Verhältnissen wissen wollte, welche nie existirt hatten und einfache Verleumdung waren. Und was die Verirrung ihres späteren Lebens anging, so hat sie dieselbe sicherlich so schwer wie irgend eine von einer unglücklichen Leidenschaft unterjochte, von dem oft so qualvollen weiblichen Glücksdurst erfüllte Frau gebüßt. Sie ist bekanntlich früh —

1852 — gestorben, auf der Insel Java, wohin sie einem niederländischen Obersten v. Lützow als Gattin gefolgt war — und schlummert dort jenseits des Weltmeeres dem Vergessenwerden zu, in das ihre nicht eben hervorragenden Romane „Falkenberg", „Lydia", „Heinrich Burkart" längst gefallen sind.

Die nicht den Sehenswürdigkeiten von Paris, Saint Cloud, Versailles gewidmeten Stunden brachten die mannigfaltigsten persönlichen Berührungen anderer Art. Paris war damals etwas wie der Rendezvousplatz deutscher Schriftsteller, es war eine ganze deutsche Literaturcolonie da: Heine, Herwegh, Hartmann, Karl Grün, Venedey, L. v. Rochau, A. Weill, der witzige Verfasser der Elsässer Dorfgeschichten, und mit dieser Colonie berührten sich wieder Henry Blaze de Bury und seine Gattin, Alexander Herzen, Bakunin, Ponsard und „Daniel Stern", die Gräfin d'Agoult und Freundin Liszts. Auch Mr. Buloz, den Tyrannen der Revue des deux Mondes, lernte ich kennen; er war so herablassend, mir einen Platz in seinem Baignoire im Théâtre français zur Verfügung zu stellen, eine Liebenswürdigkeit, die ich um so dankbarer aufnahm, als sie Gelegenheit gab, desto öfter das Spiel der damals auf der Höhe des Ruhmes stehenden Rachel in ihren klassischen Rollen des Phädra, als Virginie, in Les Horaces et les Curiaces u. s. w. zu bewundern. Sie riß mich in einer Weise hin, daß ich noch der Ueberzeugung bin, es hat nie eine größere Erscheinung die Bretter der antiken wie der modernen Welt betreten. Aber auch Frederick Le Maitre, die Dejazet und vor allen Bouffé übten eine Anziehungskraft aus, die mich, so oft es mir irgend möglich war, in das Théâtre des Variétés zogen. Ich übergehe eine Reihe anderer Namen, die das französische Theater von damals verherrlichten; die Bühnendarstellung stand auf ihrer Höhe, wie es die literarische Production in Frankreich ebenfalls that — es waren die Tage unter Louis Philipp, in welchen die Victor Hugo, die Sand, Balzac, Eugen Sue, Alexander Dumas der Aeltere, Scribe in ihrer vollsten Thätigkeit wirkten. Auch Louis Philipps wurde ich ansichtig; auf einem meiner Ausflüge mit Frau v. Bacheracht begegnete uns der arme Bürgerkönig im offenen Wagen — er kam von Fontainebleau, wo man just am Tage vorher, als er an einer Gartenmauer entlang gefahren, über diese fort auf ihn geschossen hatte. Sein rothbrauner pittoresker Kopf sah mit einem Ausdruck von schwermüthiger Niedergeschlagenheit auf das grüßende Volk, durch welches er fuhr. Der arme, vielbespöttelte, viel verleumdete und endlich wie eine Landescalamität fortgejagte Mann mit dem Birnenkopfe! der arme Bürgerkönig! Und doch that Frankreich ein König so noth, der nicht der der Junker wie Karl X., der der Intriganten wie Louis Napoleon, sondern der der Bürger war. Mag man von seiner Regierung sagen, was man will, so hat sie in der That die glücklichste Episode in der Geschichte Frankreichs seit achtzig Jahren gebildet; sie hat das politische Ruder in die Hände der zwei größten Staatsmänner, welche Frankreichs Geschicke seit 1815 gelenkt haben, Guizot und Thiers, gegeben, und wenn England von einem goldenen Zeitalter der Königin Anna redet, so könnte Frankreich von einem goldenen Zeitalter Louis Philipps reden, weil unter ihm die bedeutendsten wissenschaftlichen und literarischen Größen Frankreichs in diesem Jahrhundert erstanden sind, mit ihrem glänzendsten Wirken seiner Regierungszeit angehören. Aber wie uns die Kirche bereden will, daß des Menschen Seligkeit und sein moralischer Werth von einer einzigen Cultusform abhänge, so war es in Frankreich zum Dogma geworden, daß der

Menschheit irdisches Glück von einer einzigen politischen Form abhänge, der republikanischen. Und so trieben die Republikaner Louis Philipp, den Mann mit dem großen Regenschirm, zum Lande hinaus, um ohne Schirm aus dem Regen unter die Traufe Louis Napoleons zu gerathen.

Ich habe oben die Namen der Schriftsteller genannt, mit welchen ich außer mit Gutzkow und Frau v. Bacheracht in mehr oder minder häufige Berührung kam — am wenigsten mit Herwegh, den ich nur einmal sprach und der mir als ein in seine Größe versunkener, wie ein indischer Fakir träumerisch und faul seinen Nabel betrachtender Mensch ohne Wohlwollen und ohne mehr als eine höchst einseitige Bildung einen überaus unangenehmen Eindruck machte — ein Mensch, der mir sehr wenig von der rastlosen Sorge seiner braven Frau um ihn zu verdienen schien, die sich in dem undankbaren Streben aufrieb, seine in Hypnotismus verfallene Muse zu galvanisiren. Länger muß ich bei Heinrich Heine verweilen und folge hier dem, was ich schon früher einmal als Erinnerungen an ihn aus Tagebuch-Notizen aufzeichnete, um einer Bitte A. Strodtmanns zu genügen, als er mit seiner Biographie Heines beschäftigt war.

Gutzkow war mit Heine überworfen, er verzieh ihm sein Werk über Börne nicht, nicht daß J. Campe seine gründliche Arbeit über Börne ein Jahr lang im Pulte verschlossen gehalten, um der Heines den Vortritt zu lassen, und besuchte Heine auch nicht aus Rücksicht auf seine freundschaftlichen Beziehungen zu den Personen, welche Börne zunächst gestanden. „Aber gehen Sie zu ihm," sagte mir Gutzkow. „Mit uns Deutschen verkehrt er zwar wenig. Nur mit einigen. Doch wird er Sie gern empfangen. Er wohnt Rue de Faubourg Poissonière, nicht weit von uns."

In derselben Straße lag das Hotel Violet, das mich beherbergte, und schon am folgenden Tage in den Nachmittagsstunden ging ich zu seiner Wohnung. Niemand war daheim.

Am folgenden Morgen, in einer für Paris sehr frühen Stunde, vernahm ich auf dem dunklen Corridor vor meinem Zimmer ein unsicheres Hin- und Hergehen, ein Stolpern wie über ein im Wege stehendes Geräth, wie die Bewegungen eines Blinden. Ich sprang auf, die Thür zu öffnen, und auf die Schwelle trat ein ziemlich starker mittelgroßer Mann in einem dunklen grauen Anzug, der, wie Andere eine Lorgnette zum Auge führen, die Linke an sein Auge legte und mit dem Zeigefinger der Hand das Lid emporhob, um mit in den Nacken zurückgeworfenem Haupte besser zu sehen.

Der Mann glich nicht im entferntesten Heinrich Heine, wie seine Porträts von damals ihn darstellten. Er sah weniger fein, weniger durchgeistigt und weit weniger schmächtig aus, als ich es erwartet hatte — von orientalischem Typus fand ich keine Spur in seinen Zügen, die auch nicht leidend aussahen. So erkannte ich ihn nicht und rief erst, als er sich genannt, hocherfreut aus:

„Ach — Sie sind Heine . . . welche Freude machen Sie mir, daß Sie zu mir kommen — ich habe nur sehr schüchtern gestern zu Ihnen den Weg gewagt . . ."

„Weshalb schüchtern? Glauben Sie, es wanderten so viele von euch meine Treppe hinauf, daß ich blasirt wäre gegen einen freundlichen Beweis, daß man mich in Deutsch=land nicht vergessen hat?"

„Als ob Sie solcher Beweise bedürften! Und Sie werden sie doch immer in zwei Kategorien theilen, in ange=nehme und lästige, und es werden gewiß ihrer viele von jenseits des Rheines kommen, welche Sie wünschen lassen, dieser Strom wäre der Lethe."

„Ach nein," sagte er, „der Lethe? Der Rhein, von dem Sie kommen, ist der Strom der Erinnerung für mich! Mein ganzes Herz hängt an ihm; ich bin nicht nur von Geburt, sondern auch von Natur ein Rheinländer."

„Und doch haben Sie nie ein rechtes Rhein= und Weinlied gedichtet."

„Hab' ich nicht? Es mag wahr sein. Ich habe nie den Wein besungen; da sehen Sie nun auch gleich, wie ich verleumdet werde und welch ein moralischer Poet ich bin. Aber trinken Sie den Ihren," fuhr er fort, „ich sehe, ich habe Sie bei Ihrem Frühstück gestört."

„Wollen Sie es theilen?" fragte ich, während er in dem Sessel, den ich herbeigeschoben, vom Lichte abgewendet, sich's bequem machte. „Dieser Wein ist ein ungefährlicher Stoff aus der Gironde oder Saintonge . . ."

„Nein — ‚mein Gelübde ist nicht wider den Wein‘, aber mein Arzt ist es, mein Arzt, oder besser mein armer macerirter Körper hat mich zu einem Asketen gemacht. Ich werde bestraft für eure Sünden."

„Für unsere Sünden? das heißt?"

„Habt ihr in Deutschland mich nicht zum Erfinder oder zum Apostel der Emancipation des Fleisches gemacht?"

antwortete Heine; „und nun sehen Sie in mir einen armen wassertrinkenden Tugendüber, einen Weltüberwinder, einen Asketen, einen vollständigen Trappisten . . . ach, ich bin sehr krank; ich muß, wenn ich sehen will, wie Sie aussehen, dies Lid mit dem Finger in die Höhe schieben, so gelähmt ist es . . . überhaupt ist meine ganze linke Seite seit Jahren gelähmt, mein Kopfweh läßt mir nur selten eine Stunde zur Arbeit . . ."

Auf meine Antwort, daß er doch so wohl und kräftig aussehe, fuhr er fort: „Ich kann nur in lichten Augenblicken schreiben — was," setzte er dann lachend hinzu, „freilich besser ist, als was viele andere Narren machen, die nur in ihren Anfällen zu schreiben scheinen . . ."

Heine sprach weiter von seinen Leiden, und ich sagte etwas von dem Vorschlag, den Heine einst einem Bekannten, Hailbronner, gemacht.

„Hailbronner? Welchen Vorschlag?" rief er aus.

„Haben Sie ihn nicht einmal gebeten, Ihnen auf kurze Zeit seinen Körper abzutreten? Nur standen Sie nicht für den Zustand ein, in welchem Sie ihn abliefern und seinem Eigenthümer zurückgeben würden, wenn er ihn nach einigen Wochen wiederverlangte."

Heine lachte hell auf.

„Also Sie kennen Hailbronner?"

„Ich lebte in Augsburg . . ."

„Ach ja, ich weiß. Und was macht er und was macht Kolb, mein unerbittlicher Censor?"

„An Hailbronner hat sich sein loses, flatterhaftes Herz gerächt — es ist ihm schwer geworden in einer langen bedenklichen Herzkrankheit — und was Kolb angeht, so werden Sie ihn noch todt ärgern, wenn Sie just Ihre schönsten Gedanken und Ihre hinreißendsten Witze in diejenigen Stellen Ihrer Briefe für die Allgemeine Zeitung bringen, die er zu seiner Verzweiflung streichen muß."

„Weshalb streichen muß . . . er ist ein Vandale."

„Ach, er ist ein guter treuer Schwabe und freut sich wie ein Kind an Ihren Briefen — aber sein Joch ist nicht gelüftet, seitdem er Herrn Lüfft zum Censor hat — Sie kennen ja unsere unglaublichen Zustände . . ."

„Er treibt es doch zu arg — wie wird es ihm gehen, wenn am jüngsten Tage alle von ihm erstickten Gedanken auf ihn einstürmen und alle durchstrichenen Witze sich als Ankläger wider ihn erheben und Ersatz von ihn verlangen für ihr gehindertes Leben — Dante hätte eine eigene

Höllenstrafe für die Redacteure erfunden, wenn er Florentiner Correspondent der Allgemeinen Zeitung gewesen wäre."

„Als ob die nicht ohnehin schon in der Hölle lebten zwischen Autoren wie Sie oder dem Fragmentisten — und dem Druck, den König Ludwig, Abel, Metternich, Pilat o tutti quanti auf das Blatt ausüben."

„Der Fragmentist — ach ja, das ist ein feiner, scharfer Kopf — ein Mann, der schreiben kann, obwohl er nie hier war, es zu lernen — wer sonst deutsch schreiben lernen will, der muß nach Paris kommen, es zu lernen — aber erzählen Sie mir von Fallmerayer."

Ich erzählte ihm vom Verfasser der „Fragmente aus dem Orient", von dem großen literarischen Ereigniß der letzten Zeit in München, der Vorrede, womit Fallmerayer seine Fragmente in die Welt gesandt, und worin er so muthig in dem vom Ministerium Abel beherrschten Bayern, in Derwischabad (München) den klerikalen Geist als schleichenden Fabius Ignatius Tartuffius abgehandelt — die Sorge seiner Freunde wegen dieser Kundgebung, die Theilnahme des Kronprinzen (Max II.) daran, den Stafettenwechsel zwischen Autor und Verleger über einzelne gar zu bedenkliche Ausdrücke — und andere Züge zur Charakteristik der Verhältnisse jener Tage, die mir heute entfallen sind, die Heine aber mit großer Theilnahme anhörte und oft durch Bemerkungen von schneidendem Witze unterbrach. — Er sprach dann von den Deutschen in Paris und zwar mit ziemlich scharfer, böser Zunge. Von Gutzkow wenig, da er mich ihm befreundet fand. Länger sprach er von Herwegh. Dieser hatte unter der republikanischen Partei in Paris eine gewisse Stellung und Bedeutung erlangt; er wurde auf den Händen getragen in einem Kreise, den die Baronin Meyendorff, eine später in einer zu Köln verhandelten cause célèbre vielgenannte geistreiche Dame, aus der russischen Diplomatenwelt stammend, um sich versammelte. Armand Marrast hatte in seinem „National" — so glaube ich mich zu entsinnen — eben ein glänzend geschriebenes Feuilleton über die Poesie Herweghs gebracht, und Heine war offenbar eifersüchtig darauf; er fürchtete die Verdunkelung in den Augen der Pariser. — Er klagte über den Mangel an Anerkennung bei diesen dummen Franzosen — und auch bei dem „deutschen Michel", der nur noch Politik reite, wie ein Kind sein Steckenpferd, ohne daß das Pferd Leben und Kraft in den Beinen habe und vorwärts galoppire. — „Ich habe nur noch die Frauen für mich," sagte er lachend, „die Frauen lieben mich doch, sie wissen, ich stehe an ihrer Spitze und führe sie an gegen die hölzernen philisterhaften Männer!"

Er sprach dann von Benedey. „Halten Sie Benedey für einen Schriftsteller?" fragte er mich mit kaustischem Lächeln.

„Für einen ehrlichen und noblen Mann, eine treue, biedere Seele — ob Gott oder blos die deutschen Verhältnisse, die ihn als Flüchtling nach Paris warfen, ihn zum Schriftsteller gemacht, können Sie besser entscheiden als ich," antwortete ich.

Er lachte und erging sich in witzigen Wendungen über den armen „Kobus", von dem er behauptete, daß sein einziger Anspruch auf eine geistige Führerschaft im Heere des Liberalismus darauf beruhe, daß sein Vater Anno dazumal zu Köln auf dem Neumarkt schon um einen Freiheitsbaum getanzt — die Variationen dieses Themas lockten ein Sprühfeuer von Witz aus Heine. Benedey hatte ihm nie etwas zu Leide gethan, soviel ich weiß; aber solch eine biedere, urteutonische Kernnatur, mit ihrem ausgesprochenen Antipodenthum gegen all sein Wesen, diente ihm so lange als Scheibe, bis „Atta Troll" all diese

Banderillos und Schwärmer zugeschleudert bekommen und an seinem zottigen Bärenfell hängen hatte.

Eine Stunde oder anderthalb waren unter Geplauder und Lachen verflossen; Heine erhob sich, um zu gehen.

„Sie sollen sich nicht die Mühe machen, meinen Besuch zu erwidern," sagte er, „denn da ich nicht gesund genug zum Arbeiten bin, gehe ich viel aus; ich flaniere, ich mache Besuche. Morgen um diese Stunde, wenn es Ihnen recht ist, werde ich wiederkommen und wir werden weiter plaudern — Sie sollen mir mehr von Deutschland erzählen. Meine Frau ist verreist, ich bin Strohwittwer — Strohwittwer sind gefährliche Leute für ihre Bekannten ... das werden Sie inne werden, denn wenn ich von meinem Hause die Straße hinabwandle, ist Ihr Hotel Violet die erste Raststätte, wo ich meinen gezwungenen Müßiggang sich verschnaufen lassen kann."

Ich sagte erfreut, daß ich ihn beim Worte halte, und in der That kam er am anderen Morgen gegen zehn Uhr wieder, und ebenso am folgenden Tage und so fort, etwa acht oder zehn Tage hindurch, bis ich durch Verabredung zu größeren Partien, hauptsächlich mit Frau v. Bacheracht, um St. Cloud, Versailles u. s. w. zu sehen, nicht mehr regelmäßig die Vormittagsstunden zu Hause sein konnte. — Ich war Heine durch niemand empfohlen, ich war mit meinem naiven Novizenthum noch wohl mehr eine ihm antipodische Natur als sein Freund Kobus — ich war noch sehr ein Romantiker, ein Gefühlspolitiker, ein Ghibelline — von dem modernen Parteitreiben, von den socialistischen Ideen, welche der „Gedankenströmung" jener Tage ihre Richtung gaben, verstand ich nichts — es mußte die anima candida in mir sein, welcher er ein so großes Wohlwollen zuwandte. Er sprach sich höchst offen über alle seine Verhältnisse gegen mich aus, er klagte über seine geheimsten Körperleiden; er nahm es mir nicht übel, wenn ich ihn mit einer Geschichte neckte, die Hailbronner ihm nachtrug, nämlich daß er diesen angelegen habe, sich mit ihm feierlich im Bois de Vincennes zu schlagen, auf Pistolen, aber mit herausgezogenen Kugeln — das würde ihm, Heine, einen gewaltigen Nimbus und Respect bei den windigen Franzosen zuwege bringen, wenn sie vernähmen, daß er mit dem Riesen von bayerischen Cavalleristen auf die Mensur gegangen. Heine leugnete die Geschichte natürlich; Hailbronner war eben sehr „Tourist", ich kann also für die Wahrheit nicht einstehen. — Ja, eines Mor-

gens brachte er mir ein mit seiner sauberen Hand geschrie=
benes Gedicht, das „Herr Schelm von Bergen" überschrieben
war und das er als Beitrag für das von mir redigirte
Feuilleton der Kölnischen Zeitung geschrieben zu haben ver=
sicherte; es behandelte die bekannte Sage von dem in
Düsseldorf zum Ritter geschlagenen Scharfrichter, einen
jener Stoffe, die Heine wohl besonders anziehen mußten
nach dem, was uns sein Bruder Maximilian über seine
erste Neigung zu „Sefchen", der Nichte des düsteren ein=
samen Mannes im Freihause zu Düsseldorf, erzählt hat.

Aber freilich machte mir Heine auch kein Hehl daraus,
daß er einen außerordentlichen Werth auf einen Artikel
lege, den jenes Feuilleton über ihn bringen solle und mit
welchem er einen speciellen Zweck verband.

Es trat dabei eine mir unerklärliche Schwäche in
dem großen Dichter hervor — das räthselhafte Gewicht,
welches er darauf legte, von sich gesprochen, in den Blät=
tern seinen Namen gedruckt, von sich „notizelt" zu sehen.
— Es war in ihm ein Mangel an vornehmem Bewußt=
sein, an jenem Künstlerstolz, der seine Werke der Welt
giebt und, wenn er auch am Ende, um nicht mit seinem
Schaffen und Wollen unbeachtet und todt zu bleiben, ge=

zwungen ist, mit Lamartine zu sprechen: Le bon dieu a bien besoin qu'on sonne pour lui, und die wohlwollende objective Erörterung seiner Leistungen wünscht — doch seine Persönlichkeit und sein eigenstes Leben, sa vie intime, mit natürlichem Sensitivismus der Welt entzieht und nicht allein son linge sale en famille gewaschen, sondern auch le linge blanchi nicht° auf die öffentlichen Wegzäune der Journale gehängt sehen mag. Freilich mochte diesen Sensitivismus in Heine wie in vielen anderen berühmten Leuten der Umstand abgestumpft haben, daß von ihm unendlich viel und darunter eine Fülle des Falschen und Verkehrten notizelt und verbreitet worden war. Er hatte ja auch leichtsinnig selber zu oft in ein Wespennest gestochen, zu oft gegen ehrliche Leute Bosheiten ausgelassen, um nicht auf's Vielfältigste wieder angegriffen und oft mit Fug und Recht zurechtgewiesen zu sein.

Damals glaubte er Grund zur Beschwerde über seinen Vetter Karl, den Erben seines Oheims Salomon Heine, zu haben. Der Details erinnere ich mich nicht mehr, aber ich irre wohl nicht, wenn ich glaube, er fürchtete, Karl Heine werde ihm die Pension, die der Onkel Salomon ihm gewährt, nicht ganz oder nur unter gewissen Vor-

aussetzungen und nicht erfüllbaren Bedingungen auszahlen
wollen. Er sprach mir viel darüber, und eben nicht in
sehr zärtlicher Weise gedachte er des Vetters. Auf diesen
sollte nun eine öffentliche, aber diplomatisch gehaltene Be=
sprechung seiner Verhältnisse wirken. Und so verlangte er
von mir ein Versprechen, wenn ich daheim sei, etwas über
meinen Pariser Aufenthalt zu schreiben und darin in der
erörterten Weise von ihm zu reden. Vergebens stellte ich
ihm vor, daß ich stets ein Widerstreben dawider empfunden,
wenn ich eine Reise mache, sofort die Welt mit meinen ihr
gewiß sehr gleichgiltigen Erlebnissen und Beobachtungen
zu belästigen — es seien der Leute genug da, welche dieser
unliebsamen Gewohnheit fröhnten. Er ließ nicht nach, mich
darum anzugehen, und so versprach ich ihm endlich und
schrieb nach meiner Rückkehr für die Kölnische Zeitung
„Ein Blatt aus einem Reisetagebuche". Es enthielt so
ungefähr das, was er im Ganzen damals über sich gesagt
zu sehen wünschte und was ich nach meiner eigenen Ansicht
darüber sagen konnte. Die Hauptsache war zusammenge=
drängt in die folgende Stelle:

„In der That, Heine lacht noch, obwohl er viel ge=
litten hat, obwohl sein Körper gelähmt ist, sein Auge er=

blindet. Unter den Händen französischer Aerzte hat er schmerzlichsten Kuren sich unterworfen. Aber sein poetischer Leichtsinn trägt ihn immer noch, sein Gesicht ist blühend, er geht ungebeugt, sein Wesen ist voll Elasticität, und zu einer Stunde, wo die verschlafenen Pariser sich kaum noch aus ihren Kissen erhoben haben, saß er oft mir gegenüber im ruhigen Hotel Violet unweit seiner Wohnung in der Rue du Faubourg Poissonnière. Er sprach viel von Deutschland, von seinen Schriftgelehrten und von der Romantik seiner Jugend. Ja, er gab sogar auch zu, er habe eigentlich ein katholisches Element in sich; seine Wallfahrt nach Kevelaer hätte er nicht dichten können ohne ein inniges Verständniß der Poesie, welche im mittelalterlichen Cultus gelegen habe, und er versicherte mit großer Befriedigung, seiner Mutter sei der Antrag gemacht worden, ihn als Knaben einer geistlichen Erziehung zu übergeben, in welchem Fall man sich anheischig machen werde, ihn in die Bahn kirchlicher Ehren zu bringen. Leider habe die Mutter geschwankt und es abgelehnt, sonst werde er, Heinrich Heine, jetzt wahrscheinlich Cardinal der heiligen römischen Kirche sein. Es sei ewig schade! — Auch versicherte er, wie er Freiligrath eigentlich so lieb habe; aber — was sich liebt, das neckt sich!

„Heine geht damit um, seinen Atta Troll zu vollenden," und arbeitet, wie er versichert, an seinen Memoiren. Alles, was man sonst über seine Arbeiten berichtet, ist unwahr, ebenso unwahr wie so manche andere Angabe über ihn, die in neuerer Zeit als Zeitungsente schwamm. Er hieß nie anders als Heinrich, war nie ernstlich Handlungsbeflissener und selbst jenes charakteristische Wort seines Oheims über ihn — so ‚ben trovato' — ist nicht wahr. An dem schlechten Gedicht: ‚Auf dem Boulevard de Calvaire', welches das Album ‚Die deutsche Flagge' von Ed. Boas mittheilte, ist er vollends unschuldig — es ist nicht von ihm, sondern völlig untergeschoben. Um sich zu trösten für solche Unbill, flüchtete er seine Gedanken in die alten Regionen, in denen einst seine jugendliche Phantasie schwärmte —

>Dort, wo die Palmen wehn, die Wellen blinken,
>Am heil'gen Ufer Lotosblumen ragen
>Empor zu Indras Burg, der ewig blauen . . .

Dort in jenen Regionen des fernen Ostens hat er auch Anerkennung gefunden! Die Japanesen haben seine Werke übersetzt und die ‚Calcutta Review' hat eine ausführliche Abhandlung darüber gebracht. So hat es Doctor Bürger aus Leyden, der lange in Japan war und mit Siebold ein gelehrtes Werk über dies Land edirte, ihm erzählt — als Beweis, wie weit die Weisen deutscher Dichter tönen.

„Wir haben uns nun so lange und so oft schon ein Beispiel an den Chinesen genommen, nehmen wir es auch einmal an ihren liebenswürdigen Grenznachbarn, den Japanesen. Sehen wir immer in Heine lieber den Mann des ‚Buches der Lieder' als den Verfasser des garstigen Schlusses im Wintermärchen ‚Deutschland' oder jenes Buches über Börne, das doch so voll glänzender Partien ist. Der ungezogene Liebling der Grazien ist krank. Niedrig wäre es, eine Macht über den leidenden Dichter durch die prosaischen Hebel äußerer Verlegenheiten sichern zu wollen, wie man von gewissen Seiten her zu beabsichtigen scheint. Möge er in dieser Beziehung mindestens alle Ruhe haben, um nach und nach den innerlichen Frieden des Weisen und die wahre Schätzung des heutigen literarischen Ruhmes bei sich einziehen lassen zu können, die wir ihm von Herzen wünschen. Ein Dichter dieses Jahrhunderts muß ruhigen Auges nachblicken können, wenn die raschen Wogen der Zeit plötzlich die Insel überströmen, auf welcher er seiner

Lorbeern pflegte und sorglos das beatus ille des Horaz in ihre Rinde schnitt. Der Schwall führt die Lorbeern dann dahin — es ist kein Schwimmer, der die entrissenen Zweige wieder einholte. Durum — sed levius fit patientia, quidquid corrigere est nefas."

Zu diesen Zeilen, an deren Schluß ich mir herausnahm, ihm anzudeuten, daß ich seine ängstliche Sorge um Erhaltung des Tageruhms, um Lob und Tadel in allen möglichen Blättern sehr unweise finde, muß ich heute nur noch bemerken, daß die darin erwähnten Memoiren mir damals wie eine Mythe vorkamen. Es schien mir, Heine rede geflissentlich viel von diesen seinen Denkwürdigkeiten und drapire sich dabei ein wenig wie ein heiliger Nikolaus, der frommen Kindern Süßigkeiten und den unartigen die Ruthe bringt; wie eine Art von stillem Wolkensammler Zeus, der, über dem Literaturgewimmel unter ihm thronend, einst wohlthuenden Regen oder vernichtende Blitze schleudern werde — je nachdem und nach Jedermanns Verdienst um Jovis Altäre. Ich mag darin Unrecht gehabt haben; ich weiß nicht, ob Memoiren Heines da sind oder nicht, ich spreche nur den Eindruck aus, den mir sein Reden darüber machte, und dieser läßt mich entschieden der Behauptung zuneigen, welche in dieser Frage die Fürstin della Rocca verficht.

Es war anderthalb Jahre später, etwa um den 20. September 1847, als ich Heine wiedersah. Ich kam in Begleitung meiner Frau nach Paris, um weiter nach Italien zu reisen, und wir machten bald nach unserer Ankunft Heine einen Besuch. Es verlangte mich sehr, ihn wiederzusehen, um so mehr, als ich wußte, daß unterdeß sein Leiden sich sehr verschlimmert habe. Wir fanden ihn in seinem Hause in derselben Rue du Faubourg Poissonnière*) über zwei oder drei Treppen, in einem sehr hellen, sehr freundlichen und geräumigen Quartier — die berühmte „Matratzengruft" war ein lichtes, großes und schönes Zimmer, an dessen einer Wand ein lebensgroßes Porträt einer stattlicher Dame in breitem Goldrahmen hing; aber Alles zeugte von einer erst halb fertigen Einrichtung, denn Heine kam eben von einer Sommerfrische, ich glaube aus Montmorency, zurück und klagte über die Bäder von

---

*) Es ist möglich, daß meine Erinnerung mich hierin täuscht und Heine damals ein freier gelegenes, luftigeres Quartier bezogen hatte.

Barèges, welche er sich selbst verordnet und die eine viel zu starke Wirkung für ihn gehabt. Ich selbst fand ihn sehr verändert. Er lag gelähmt auf seinem Ruhebett, von dem er uns, sich mühsam halb erhebend, die Hand entgegenstreckte. — Die frühere gesunde Farbe war von seinem Antlitz gewichen und hatte einer feinen Wachsbleiche Platz gemacht; fein waren alle Züge geworden, sie waren verklärt, vergeistigt, es war ein Kopf von unendlicher Schönheit, ein wahrer Christuskopf, der sich uns zuwandte. Betroffen über diese wunderbare Veränderung und ebenso erschrocken, sagte ich mir, daß er in dem Zustande, worin er schien, nicht sechs Wochen mehr leben könne. Und doch lebte er nocht acht Jahre! Auch war er geistig fast ganz, was er früher gewesen, ebenso lebhaft, ebenso gesprächig, ebenso expansiv. Er sandte einen jungen deutschen Arzt, den wir bei ihm fanden, zu seiner Frau hinüber, um sie rufen zu lassen; unterdeß deutete er auf das Bild und sagte mit einem gewissen Stolz, daß er seine Frau darstelle. Er sprach uns dann von seinem Leiden, von seiner Einrichtung, seinen Wohnungsnöthen in Paris ... Frau Mathilde erschien, und die Unterhaltung mußte in französischer Sprache weitergeführt werden, da Frau Heine kein Wort deutsch verstand. Sie machte keinen unvortheilhaften Eindruck — es war etwas durchaus Natürliches in ihrem Wesen, es schien etwas Derbes, aber Redliches, Schlichtbürgerliches darin zu liegen; eine Persönlichkeit, die übrigens vor dem berühmten Dichter, dessen Lebensgefährtin sie war, durchaus nicht das that, was die Franzosen s'effacer nennen — zu dem Bilde der „Femme", wie es Michelet zeichnet, konnte Frau Mathilde überhaupt wohl kaum gesessen haben. Heine behandelte sie sehr rücksichtsvoll; er beklagte sich aber bei meiner Frau halb ernst, halb scherzend, daß seine eingefleischte Pariserin auf sein deutsches Verlangen, um Mittag sein Mahl zu bekommen, nicht eingehen wolle; sie dagegen bezog sich lebhaft auf die Unmöglichkeit, in Paris anders zu leben als alle anderen Menschen, und während meine Frau, in deren polyglottem Wörterbuch das Wort „unmöglich" keine große Rolle spielte, mit ihr darüber debattirte und ihr zuredete, dem kranken Manne diesen Wunsch zu erfüllen, sprach Heine zu mir wieder deutsch, von deutschen Dingen. Leider kann ich über seine Aeußerungen weder von damals noch bei späteren Besuchen Rechenschaft ablegen, ich habe mir nicht wie das erste Mal Tagebuchnotizen darüber gemacht. Ich weiß nur, daß ich sehr bewegt und überzeugt, ihn nicht wiederzusehen, endlich von ihm schied und daß er mir auf‚ trug, das schöne Lucca zu grüßen — in eigenthümlicher Weise schien sich aller Reiz und aller Zauber Italiens für ihn in Lucca zu gipfeln.

Darauf beschränken sich meine Erinnerungen an den großen Dichter des Buchs der Lieder und des Romanzero, an den ich heute nicht denken kann, ohne tief ergriffen von einem Lager im Hintergrunde eines hellen sonnigen Zimmers ein wunderbar schönes, wachsbleiches, von tiefem Leiden und von ihrer Ueberwindung durch Seelenkraft und Geistes= wollen redendes Märtyrerhaupt, das ergreifendste Bild eines sterbenden Dichters, sich erheben zu sehen — dies Bild ward doppelt lebendig und mächtig in mir, als ich 1868, zum letztenmal im Paris, an einem warmen Mai= morgen auf dem schönen schattigen Kirchhofe des Mont= martre neben dem Grabe Heines stand.

Chr. v. Stramberg.

Man behauptet, die Originale verschwinden aus unserer Zeit, und constatirt damit etwas, das doch nur sehr naturgemäß ist. Die Originalität ist der in Lebensformen sich ausdrückende Humor, und der Humor geht einer Zeit verloren, welcher das ruhige Beharren in ihren Zuständen entschwindet, um einem unsteten Fließen und Strömen der Dinge zu weichen; aus diesem gebiert sich wohl der Witz, der aus der Reibung und der Begegnung der Gegensätze resultirt, aber nicht mehr der Humor, der zum Aufblühen einen Untergrund von Seelenstille verlangt. Während aus unserer Literatur der Humor verschwindet, wachsen die Witzblätter aus dem Boden.

Das mir interessanteste Original, mit welchem ich im

Leben in Berührung gekommen bin, war Christian von Stramberg.

Es war nach meiner Rückkehr von Paris, als mir in einem Buchladen ein dicker Band in die Hände fiel, der den Titel hatte: „Denkwürdiger und nützlicher rheinischer Antiquarius, welcher die wichtigsten und angenehmsten geographischen, historischen und politischen Merkwürdigkeiten des ganzen Rheinstromes von seinem Ausflusse in das Meer bis zu seinem Ursprunge darstellt. Von einem Nachforscher in historischen Dingen. Mittelrhein. Der zweiten Abtheilung erster Band. Koblenz 1845." Ich wußte, daß es ein vor hundert Jahren erschienenes Werk ganz dieses Titels gab. Hier aber war ein neues, eben herausgekommenes, in dem ein zweites Blatt auch den Namen des Verfassers, Christian von Stramberg, aufwies; es war also ein neues originales Werk, das sich aus irgend einer durch keinerlei Vorrede oder Einleitung erklärten Marotte den alten Titel beigelegt hatte. Bei näherer Prüfung zeigte es eine wahre Fülle interessanten geschichtlichen und culturhistorischen Stoffes; es war eine wahre Fundgrube von Geschichten, biographischen Materialien, Sittenzügen der Vorzeit, historischen Entwickelungen früherer Zustände u. s. w., so daß ich mich nach der Lecture fragte: Wer ist dieser Herr von Stramberg, der das Alles in solch origineller Form, mit solch einem unglaublichen Wissen aller Dinge, solcher Kenntniß aller möglichen Sprachen, die in Europa gesprochen werden, über den Leser ausschüttet? Und weshalb redet Niemand von dem Buche? Ich konnte nur erfahren, daß der Verfasser in Koblenz lebe, und war rasch entschlossen, ihn da aufzusuchen. An einem schönen Sommermorgen trug der Dampfer mich dorthin — aber angekommen, hatte ich Mühe, die Wohnung des merkwürdigen Mannes ausfindig zu machen, bis ich in ein in den stilleren Stadttheilen liegendes Haus gerieth, welches den Eindruck eines bescheidenen alten Familienhauses machte. Ueber eine Treppe wurde ich in einen ziemlich altfränkischen Salon geführt und gelangte durch ihn in ein kleines, mit Büchern, Scripturen, Acten und Urkundenstößen, über denen zumeist eine dicke Staubdecke lag, angefülltes Cabinet, in welchem der große Geschichtskundige in Hemdärmeln und höchst primitiver, als sehr ungenügend zu bezeichnender Toilette an einem Schreibtisch saß. Ein mittelgroßer, ziemlich fest gebauter Mann mit einem charakteristischen Kopfe, den eine starke, sehr geröthete Nase unschön machte, war es, den ich begrüßte. Er mochte sechzig Jahre haben. Als ich ihm meinen Namen genannt, sagte er lächelnd: „Der Name ist mir bekannt, Sie stammen aus Westfalen — haben noch Vettern in den Ostseeprovinzen, in Liefland . . ."

„Das erste ist richtig, von den letzteren weiß ich nichts . . ."

„Doch, doch, aus all den alten westfälichen Familien sind Seitenschossen nach den Ostseeprovinzen gekommen" — und dabei holte er ein paar alte hochstifts=münsterische Hof= und Adreßkalender aus dem vorigen Jahrhundert herbei, um alte Herren meines Namens und Blutes darin aufzuschlagen. Ich interessirte ihn offenbar nur von der genealogischen Seite.

„Kennen Sie denn alle Namen so im heiligen römischen Reiche?" fragte ich erstaunt über diese Detailkenntniß.

„„Allwissend bin ich nicht, doch viel ist mir bewußt!"" antwortete er lächelnd, „namentlich was unsere alten geistlichen Stiftslande angeht."

Ich drückte ihm aus, welchen Genuß und welche Belehrung sein Buch mir gewährt, wie ich ihm dafür zu danken komme und auch, um zu erfahren, wann der nächste Band erscheinen werde.

„Der wird nie erscheinen!" versetzte er bitter auflachend. „Nie! Keine Seele hat das Buch gekauft! Fragen Sie meinen Verleger; der ist vollständig entmuthigt!"

Und nun erging er sich in bitter=ironischen Schilderungen, wie alle großen Verlagshandlungen ihn mit seinen Anträgen heimgeschickt; wie beflissen sie seien, schäbiges Zeug und Alltagsplunder auf den Markt zu werfen, und wie ein großes Werk, das Niemand in der Welt schreiben könnte als, begünstigt durch den Zusammenfluß vieler Umstände, er allein, durch die Theilnahmlosigkeit der Menschen erstickt bliebe.

Er hatte sicherlich völlig recht. Ohne die Fortsetzung seines Buches wäre Vieles unrettbar mit ihm untergegangen, was nur er wußte, nur er aus der Fülle ihm vorliegender Materialien schöpfen konnte, die, wie er angab, zum großen Theil aus Aufzeichnungen seiner Vorfahren, hoch= gestellter kurtrierischer Staatsdiener, beistanden.

„Da kann nur eines helfen," sagte ich, „die Besprechung Ihres Werkes in den Journalen. Daß diese in dem einflußreichsten Blatte Deutschlands, der ‚Allgemeinen Zei=

tung', erfolge, dafür will ich sorgen; auch die „Kölnische' soll hier am Rheine wirken — also nil desperandum! Die Lärmtrommel soll geschlagen werden!"

Er baute nicht viel darauf und ging zu Anderem über. Nach einem längeren Gespräch, bei dem seine wirklich unglaubliche Detailkenntniß alles in den letzten Jahrhunderten in Europa Geschehenen sich zeigte, empfahl ich mich, um, wie er mir vorgeschlagen, am Nachmittage ihn zu einem Spaziergang abzuholen, auf dem ich dann weiter wahrnehmen konnte, wie er nicht blos die Thatsachen in sich aufgespeichert trug, sondern auch auf seine Art ein Philosoph war, der mit scharfem Einblick in den Charakter der Nationalitäten und die Natur der Menschenkategorien den Gesetzen des Völkerlebens nachgespürt hatte.

Erfüllt von der Persönlichkeit des seltenen Mannes, kehrte ich nach Köln heim und säumte nun nicht, eine Besprechung seines Buches in der „Kölnischen Zeitung" zu geben und eine ausführliche Arbeit über dasselbe, worin ich Excerpte der interessantesten Episoden einflocht, z. B. die fesselnde Entwickelungsgeschichte Klemens Brentanos, die Geschichte des Joseph von Frohn u.s.w., in der „Allgemeinen Zeitung" zu veröffentlichen. Und siehe da, diese Arbeit war nicht vergeblich geschrieben — sie hatte die glänzende Wirkung, daß plötzlich beim Verleger die Bestellungen einliefen, daß dieser nun eine Subscription für eine Fortsetzung eröffnen konnte und daß sich zwölfhundert Subscribenten einfanden — allein sechshundert aus dem damals von der „Allgemeinen Zeitung" so beeinflußten Oesterreich. Verfasser und Verleger waren höchlich zufrieden, und mir ist es lange ein befriedigendes Bewußtsein gewesen, ganz allein den Wagen in's Rollen gebracht zu haben. Es erschien nun bald ein weiterer Band des „Antiquarius", und im Laufe der Jahre füllten sich mit zahlreichen Lieferungen die Rahmen der Abtheilungen, worein Stramberg sein großes Werk eingetheilt hat; nur schade — je mehr sie sich füllten, desto mehr verloren sie an ursprünglichem Reiz, an Werth und Interesse — der Autor machte zuletzt eine Ablagerung historischen Materials aus aller Herren Ländern und allen Zeitaltern daraus, so daß man, als auf den eigentlichen inhaltreichen und originellen Rheinischen Antiquarius, auf die ersten sechs oder sieben Bände verweisen muß.

Ich habe später mit Stramberg viel verkehrt; ein paarmal kam er, uns in Köln zu besuchen, dann, als ich einen Aufenthalt auf der Laubach, der Wasserheilanstalt in der Nähe von Koblenz, nahm, pflegte er am Nachmittage herauszukommen und wir unternahmen selbander weitere Spaziergänge. Ich hatte dabei Gelegenheit, die Unerschöpflichkeit seines Wissens kennen zu lernen, sein Erzählertalent und die sich oft sehr ergötzlich kaustisch ausdrückende Ironie seines Urtheiles über Welt und Zeit. Er stand in der damaligen Opposition der Rheinlande wider Preußen; er war Katholik par principe, und dem alten Oesterreich hatte er trotz Allem, was es gethan, sich seine Sympathien gründlich zu verscherzen, doch die ganze Anhänglichkeit bewahrt, welche nur natürlich war bei solch einem Nachkommen einer Familie, deren sämmtliche einstige Beziehungen mit Wien und den alten Reichsinstitutionen verknüpft waren. Zu dem Dümmsten, was Oesterreich gethan, rechnete er die Aufgabe des burgundischen Kreises und seiner Stellung auf dem linken Rheinufer, womit ja auch die Besetzung des Kurfürstenstuhls von Köln verbunden gewesen. Denn ein Gesetz unserer Geschichte, behauptete er, sei es, daß in Deutschland die Macht immer als ausschlaggebend prädominire, welche das Rheinthal besitze.

Auf unseren Spaziergängen, auf welchen der alte Herr bei einer gelegentlichen Einkehr nie Wein trank, so befremdlich der verdächtige Schimmer seiner Nase und seine erstaunliche Kenntniß aller Rebensorten und aller Geheimnisse ihres Baues das finden ließen, erzählte mir Stramberg viel aus seinen Lebenserinnerungen. Er war zu Koblenz 1783 geboren und stammte von väterlicher Seite aus einer aus Niederösterreich gekommenen Familie; seine Mutter war die Tochter eines kurtrierischen Geheimrathes und Kreistagsgesandten zu Frankfurt, Hugo Franz v. Görz. Was seine österreichische Abstammung angeht, so leitete er sie hoch genug her; obwohl er eigentlich Stramberger von Großburg hieß — das „er" hatte er als nur provinziell fallen lassen — behauptete er, von den alten böhmischen Herren und Regierern von Rosenberg abzustammen, diesem mächtigsten aller Dynastengeschlechter, dem bekanntlich Bertha v. Rosenberg, „die weiße Frau", angehört, und dem er in seinem Antiquar eine so ausführliche Episode gewidmet hat. Wenigstens führte er dasselbe Wappen wie die Rosenberg. Mütterlicherseits aber sah er sich in Connex mit dem großen Cardinal Nikolaus Cusanus, dem berühmtesten Sohn, welchen das kleine Städtchen Kues und das schöne Thal der Mosel hervorgebracht haben.

Als er heranwuchs, brachen die Stürme der französischen

Revolution herein, und ihre Wogen spülten in's Rheinland zuerst die Schaaren der Emigranten, die Koblenz zum Hauptquartier machten — die französischen Prinzen von Provence und Artois, welche ihren Sitz in Schönbornslust aufschlugen, dem nahen Lustschloß des Kurfürsten von Trier — alle die übermüthigen, in ihren Forderungen unverschämten Höflinge, welche die Gastfreiheit des gutmüthigen Kurfürsten Clemens Wenzeslaus so unglaublich mißbrauchten; — sagte ihm doch einer von ihnen in einer Soirée, worin sie ihn umgaben, nun sei er der einzige Fremde unter ihnen. — Dann kamen die „Halb-Brigaden" der französischen Republik, die Jourdan, die Championnet an ihrer Spitze; die Generale Hoche, Marceau, Bernadotte kamen und verkehrten im elterlichen Hause Strambergs; es wurden Tanzabende in demselben von den lebenslustigen französischen Herren arrangirt, zu denen unser „Johann Christian Hermenegild" mit seiner Geige nach seinen jugendlichen Kräften aufspielte. Endlich heirathete seine schöne Schwester Maria Therese einen dieser französischen Herren, und zwar den General und Commandanten von Ehrenbreitstein Arnaud Baville. Diese Verbindung wie der politische Connex des linken Rheinufers mit Frankreich ließen nun seine weitere Ausbildung und seine nächsten Lebensbeziehungen nach Westen hin gravitiren. Zwar zunächst in Erlangen, dann aber in Paris studirte er Rechts- und Staatswissenschaften, Sprachen und Geschichte und besuchte dann Wien, immer dabei von der früh verwittweten Mutter begleitet, die von dem einzig ihr gebliebenen Sohn sich nicht zu trennen vermochte — bis der Tod frühzeitig die herbe Trennung vornahm. Stramberg mußte sich jetzt entschließen, eine Lebensstellung zu suchen; das Familienerbe: die Lehngüter an Mosel und Rhein, waren im Sturm der Zeit bedenklich reducirt, alles Lehngut und Fideicommißwesen hatten ja die Franzosen aus der Welt geschafft. Er versuchte es zuerst mit einer Secretärthätigkeit bei dem Präfecten des Departements der Mosel, Jules Deozan. Dann war er als Begleiter eines französischen Generals, des Grafen Caffarelli, in Schweden. Endlich nach dem Umschlag der Dinge im Jahre 1813 war er im Gefolge der Verbündeten in Frankreich und nahm irgend eine Stellung in Epinal ein. Es wird nach dieser Zeit gewesen sein, daß er sich länger in Dijon aufhielt. Er erzählte mir, daß sein Schwager, der General Baville, dort commandirt oder in Garnison gestanden, daß er,

Stramberg, unbeschäftigt wie er gewesen, längere Zeit damals seine Tage auf der berühmten Bibliothèque des Ducs de Bourgogne zugebracht und sich dann so in seine Studien vertieft habe, daß er mitunter Abends, als der Letzte, beinahe mit eingeschlossen wurde.

In die Heimath zurückgekehrt, hatte Stramberg wohl nicht den ernstlichen Willen, sich hier eine Stellung zu erringen. Es gelang ihm wenigstens trotz einiger Versuche bei der Regierung nicht, eine zu bekommen. Als Privatgelehrter gab er sich seinen Studien hin, schrieb ausgezeichnete genealogische Artikel für die Encyklopädie von Ersch und Gruber, ein Buch über die Mosel und endlich den Band des Rheinischen Antiquars, der 1845 erschien. Zu diesem Werke hatte er lange gesammelt und ein unschätzbares Material geerbt; durch seine Mutter zählte er nämlich zu seinen Vorfahren nicht weniger als drei kurfürstlich trierische Kanzler, während der letzte kurtrierische Staats- und Lehenskanzler seiner Mutter Schwager und sein Pathe war. Alle diese Herren hatten ihre Tagebücher geführt oder derartige Aufzeichnungen während ihres Lebens gemacht oder historische Documente gesammelt, und diese bildeten, wie Stramberg versicherte, seine unvergleichliche Schatzgrube.

Wie lebendig der alte Herr vor mir steht! In seinen gelben Nanking-Sommerbeinkleidern, mit den Schuhen und weißen Strümpfen nicht viel eleganter als etwa ein pensionirter Magister aussehend — aber redend, sich ausdrückend so gewählt wie ein Marquis vom Hofe Ludwigs XIV., perorirend mit sonorer Stimme. Wenn er vorlas, was er gern that, namentlich Französisches, so konnte diese Stimme sich bis zum Dröhnen erheben. Und nun ist auch diese laute Stimme verklungen; die Hand, welche mit einer so kuriosen, von der Handschrift aller anderen Menschenkinder absolut verschiedenen Manier besenstielige Buchstaben hinstellte, zu Staub geworden! Und seine letzten Jahre sind, statt durch Anerkennung und Ehren erheitert, ihm vergangen in Sorgen, durch „res angustae domus"! — Er ist eines der zahlreichen Beispiele von der empörenden Gleichgiltigkeit und Vernachlässigung, welche das officielle Deutschland für das literarische Verdienst und die fruchtreichste Geistesarbeit hat, wenn diese nicht in der akademischen Bahn wirkt, wenn ein bevorzugter Geist sich nicht in der langen Queue nachschiebt, die in den geschlossenen Schranken der Zunft sich zu den Ehren, Vortheilen und Auszeichnungen drängt. Auf Stramberg ist nie eine Ehrenauszeichnung:

ein Orden, ein Diplom einer Akademie, ein Ehrendoctor-diplom oder ähnliches, gefallen. Er bedurfte dessen nicht. Aber es hätte den alten Mann mit seinem unglaublichen Wissen und seinem Riesenfleiß gefreut und es hätte seinen Lebensabend verschönert, weil es ihm eine ganz andere autoritative Stellung in seiner Vaterstadt gegeben, denn ohne dergleichen von Auswärts kommende Beweise seiner Bedeutung giebt es in keinem Vaterlande einen Propheten.

In den Sommer 1847 fällt für mich auch ein erneuter Verkehr mit Adele Schopenhauer, die sich jetzt zu Bonn bei ihrer Freundin Mertens-Schaafhausen aufhielt und, nachdem sie ihrer Gesundheit wegen einen längeren Aufenthalt in Italien gemacht, sich mit literaischen Plänen trug, weil der Arzt ihr verboten, die zeichnenden Künste, zu denen ihr Talent gravitirte, zu cultiviren. Adele Schopenhauer, die schon zwei Jahre später in Bonn starb war, wie früher gesagt, eine begabte, durch eine Bildung von seltener Gründlichkeit und Vielseitigkeit ausgezeichnete tiefweibliche Seele. Es ist aber dennoch wohl ein Enthusiasmus, wie ihn Fürst Pückler-Muskau für sie an den Tag gelegt hat, als er sie kennen gelernt, etwas Exceptionelles geblieben. Er schrieb über sie: „Was mich angeht, kann ich nicht mehr über sie sagen, als daß ich wünschte, meine künftige Frau möchte ihr treues Ebenbild sein; ihr Aeußeres gefällt mir, ihr Inneres ist eine schöne Schöpfung der Natur. Diese kindliche Naivetät bei so seltener, ich möchte fast sagen schauerlicher Tiefe!" Adele war damals (1812) sechzehn Jahre alt. (Vergl. L. Assing: Fürst Pückler-Muskau I, 145.) — Eine interessante Berührung, welche ebenfalls in diesen Sommer fällt, war für mich die mit dem Professor Alfred Nikolovius zu Bonn, dem Verfasser von „Johann Georg Schlossers Leben und literarisches Wirken". Wie Adele als junges Mädchen, hatte er als Knabe, als Enkel der Schwester Goethes, in dessen Hause in Weimar gelebt und wußte in kaustischer Beleuchtung manches Charakteristische aus dessen intimem Leben wiederzugeben. Manches davon stimmte freilich nicht recht zu dem Bilde, welches man nach anderen Quellen sich von dem Olympier zu machen pflegt. So versicherte er, Goethe sei sehr ängstlich gewesen, er habe in reiferen Jahren nie ein Pferd bestiegen; beim Fahren habe er, sobald der Wagen sich geneigt, besorgt König, seinem Kutscher, stets ein: „König, Er giebt doch Acht!" zugerufen. Bei jedem begegnenden Handwerksburschen habe er halten lassen, nach dem Woher und Wohin gefragt und sodann durch König einen der dazu eingesteckten Groschen verabreichen lassen, den Goethe daheim dann sorglich in sein Buch eingetragen. Wenn der alte Herr zu Tische erschienen im Frack mit Ordensstern, habe das üble Laune angedeutet; ein blauer Ueberrock, ohne Weste, habe bessere Stimmung angekündigt — der flanellene Schlafrock mit mancherlei lose hängenden Bändeln gar den besten Humor. Er habe viel Wein getrunken — und in einem gelegentlichen kleinen Rausch sei er grob geworden. Dieser letztere Zug will uns freilich am wenigsten zu jenem Bilde passen und doch ist er noch weniger befremdlich als die merkwürdige Scene, welche wir in den Lebenserinnerungen der Malerin Luise Seidler mitgetheilt finden, in einem ausführlichen Briefe, den ihr ein Freund über seine Unterhaltungen mit Goethe in dem Sturmjahr 1813 schreibt und der in einer halb mysteriösen Weise die Fähigkeit erschreckender Gemüthserregungen bei diesem andeutet. Doch sprach auch Nikolovius von Goethes Empfänglichkeit für heftigen Seelenschmerz; mehrmals habe ihn Meyer (der Kunstmeyer) in Verzweiflung auf dem Boden liegend gefunden, wenn eines seiner und der Vulpius Kinder gestorben. Und abergläubisch sei der alte Herr gewesen — er habe den 22. März immer als Unglückstag gefürchtet. Einst habe in seinem bekannten Gartenhause die Vulpius allein sich aufgehalten. Da habe sie unten in der Küche rumoren, Teller und Schüsseln klirren gehört; sie eilt nach unten und sieht und findet Niemanden, statt dessen aber vernimmt sie, wie es jetzt oben rumort und lärmt und mit Büchern hin= und herwirft, und erschrocken flüchtet sie sich und eilt nach Hause. Goethe aber sei nun mehrere Tage lang nicht ausgegangen aus Furcht vor einem Unglück. Daß er oft sich blöde und befangen gefühlt, wie Nikolovius versicherte, ward uns auch unlängst durch Mittheilungen aus den Erzählungen seiner Schwiegertochter Ottilie bestätigt; und noch bekannter ist wohl, was auch jener bestätigte, daß er, in der ihn quälenden Furcht vor dem Tode und um den Anblick von Leichenzügen zu entgehen, es dahin gebracht, daß in Weimar Bestattungen nur des Nachts, im Sommer nach zehn, im Winter nach neun Uhr, und ohne Wagen vorgenommen werden durften. Ein Wagen oder gar nachfolgende Equipagen wurden nur gegen hohe Taxen erlaubt. Von Eckermann, der an jeden Mittwoch zu Tische gezogen worden, erzählte mein Gewährsmann, er habe dabei nie etwas gesprochen. Der kleine Mann habe eigenthümliche Liebhabereien gehegt — einen eingefangenen Adler habe er mit jungen Hunden gespeist, deren Geheul die Nachbarn entrüstet, bis sie ihn als Thierquäler vor Gericht ziehen lassen. — Das Verhältniß zu seinem Sohn August schilderte Nikolovius als ein sehr förmliches. Alle Morgen um zehn Uhr habe jener an des Vaters Thür geklopft, um sich zu erkundigen: „Lieber Vater, wie haben Sie die Nacht geruht, und haben Sie mir etwas zu befehlen?" worauf die Antwort erfolgt sei: „Lieber August, wir haben eine leidliche Nachtruhe gehabt und finden in diesem Augenblicke nichts anzuordnen." — —

Von Adele Schopenhauers und Alfred Nikolovius' Weimarschen Erinnerungen muß ich übergehen zu der politischen Stimmung in Europa im Jahre 1847, zu den Luftströmungen, welche lebhafter und frischer wurden und dem großen Gewitter von 1848 wie Vorboten vorhergingen. In München „fiel der erste Schuß"; man trieb Lola Montez aus trotz allen Schutzes, den König Ludwig ihr angedeihen ließ, trotz aller Rücksichten, welche die immensen Verdienste dieses Originals auf dem Throne um seine Hauptstadt, die sich so undankbar erwies, geboten hätten. Erregender aber kamen die Kunden aus Italien;

hier hatte ein neuer Papst die Initiative des Fortschritts ergriffen, hier schien ein großer priesterlicher Charakter mit der Macht seiner Autorität und der ihr ebenbürtigen seines entschlossenen Geistes den Idealtraum Giobertis von einer staatlichen Verbindung der getrennten Stämme Italiens unter der Oberleitung, der „Präsidialmacht" des römischen Pontifex seiner Verwirklichung entgegenführen zu wollen. Das mußte die ganze politische Constellation Europas ändern — und es mußte große Kämpfe kosten, bis es dahin kam, es mußte eine Reihe großer Ereignisse sich damit verknüpfen.

„Wollen Sie dahin gehen und uns aus dem Mittelpunkt der Bewegung, aus Rom, Berichte schreiben?" fragte mich eines Tages Joseph Dumont.

Natürlich wollte ich. Wer hätte nicht gewollt? Und vierzehn Tage später saß ich mit Frau und zwei Kindern, zu deren Hut uns die Schwester von Roderich Benedix, Fräulein Kolma Benedix, begleitete, in einem Coupé der Rheinischen Bahn, um westwärts durch Belgien und Frankreich zu ziehen, auf der kürzesten Route dem großen Sehnsuchtsziel aller frommen und aller schönheitsdurstigen Seelen des Abendlandes zu.

Rom.

Im September 1847 führte die Eisenbahn wenigstens bis nach Paris, wo das gute alte Hotel Violet uns aufnahm. Da meine Frau Paris nicht kannte, wurde hier ein Aufenthalt von vierzehn Tagen gemacht, während deren ein alter Bekannter derselben, ein Baron Drachenfels, dem das Geschick vergönnte, hier als hessischer Gesandter den Rest seiner Tag in schöner Muße zuzubringen, uns mit seiner Ortskunde beistand. Ich verdanke ihm die Bekanntschaft mit dem Werke: Valery, l' Italie, das mir später mit seinem reichen Inhalt sehr nützlich werden sollte. Wir sahen, zum Theil in seiner Begleitung, Paris und die bedeutendsten Punkte der Umgebung. Ich habe von diesen Tagen berichtet in einem Buche, das ich im Jahre 1848 unter dem Titel: „Eine Römerfahrt" herauszugeben wagte und das in jenen Zeiten der politischen Sturmfluth natürlich so unbeachtet blieb wie Alles, was nicht für den Tag berechnet war. Heute aber dient es mir dazu, meine Erinnerungen aus jener Lebensepoche um so frischer geben zu können, indem ich von dem dort gleich nach den erhaltenen Eindrücken Niedergeschriebenen auf's Neue in die Stimmung jener Tage geführt werde. Und dahin gehört zunächst das Gefühl unsaglicher Erleichterung. als endlich der schlimmste Theil unserer Reisemühen überstanden war, als nach dem Aufenthalt in Paris die Fahrt in einer französischen Diligence, die Fahrt auf französischen Dampfschiffen durch das Herz Frankreichs und die Saone und Rhone hinunter glücklich hinter uns lag. Denn in einer Diligence über die kieselgepflasterten Chausseen, die von Paris bis Chalons sur Saone führten, war damals die Reise zu machen, dann in elenden Dampfschiffen die Saone hinab bis Lyon, von Lyon auf anderen Dampfern bis Arles, bis Marseille; die Dampfschiffe waren schmutzig, überfüllt und wurden mit einer unglaublichen Ungeschicklichkeit in der Navigationskunst geführt — sie verhielten sich zu unseren Rheindampfern wie samojedische Hundeschlitten zu einem Eilzug. Und in den Wirthshäusern der

Provinzialstädte der „Belle France" herrschte ein Schmutz — man glaubte sich in eines jener Wirthshäuser Westfalens versetzt, von denen der große Philologe Justus Lipsius so beweglich geschrieben hat. Das Alles ist heute anders geworden; heute sieht der Reisende, der Frankreich 1846 zum erstenmal erblickte und es nun wieder betritt, auch beim flüchtigen Durchfliegen auf der Eisenbahn die Merkmale eines ganz unglaublichen Fortschritts, einer überraschenden Steigerung des Wohlstandes und der Cultur überall, wohin er blickt.

Die Reisemühen wurden dann gelohnt, als Marseille erreicht war, als eine weitere Seefahrt uns nach Genua, nach Livorno gebracht hatte und zum erstenmal der geheiligte ausonische Boden betreten war; als eine kurze Fahrt auf einer jüngst dem Verkehr übergebenen neuen Eisenbahnstrecke von Livorno aus eines der Juwele jenes Wunderlandes uns zur Anschauung gebracht: Pisa, seinen Dom, sein Campo santo, seinen mirakulösen Thurm! Und dann noch eine nächtliche Meerfahrt, und Civitavecchia war erreicht. Beim goldensten Morgensonnenschein dampften wir den Hafenforts entgegen, auf denen die Flagge des Papstes wehte (die Tiara mit den gekreuzten Schlüsseln), von denen herunter die Kanonen des Papstes drohten. Eine nach der anderen von ihnen wurde eben zur Begrüßung zweier französischer Cardinäle gelöst — es war die Herrscherstimme Papst Julius II., die ihre Donner über das Meer rollen ließ. Es währte lange, bis das Schiff Prattica erlangte, bis die päpstlichen Douaniers befriedigt waren, bis das Paßbuch zu den schon zahllosen Visas eines mehr aufgenommen hatte, lautend: Civitavecchia li 9. Ottobre 1847. Delegazione Apostolica. Bono per Roma. — Und bis eine Diligenza uns aufgenommen, um die letzte Strecke des weiten Weges zurückzulegen, wurde es Nachmittag — es wurde Abend, bis die Höhe erreicht war, auf welcher der Conducteur halten ließ, um, ausgestreckten Armes in die Ferne deutend, zu sprechen: „Ecco Roma — ecco San Pietro!"

Man sah sehr wenig von Rom, man sah etwas wie eine kleine graue Halbkugel in fernster Ferne über der Horizontlinie, aber dennoch schlug den Reisenden aus dem weiten Norden das Herz hoch. Heute, wo es so leicht ist, auf glatten Eisenschienen in ein paar Tagen nach Rom zu rollen, betritt Niemand mehr den Boden der ewigen Stadt mit jenem stürmischen Entzücken, das damals den

Wanderer erfüllte, der nach Ueberwindung von Hemmnissen und Beschwerden aller Art mit dem Gefühl kam, ein Glück zu genießen, welches so Wenigen beschert war. Vielleicht schlägt das Herz vieler heutiger Romfahrer, wenn sie an ihrem Ziele angekommen sind, in nicht geringerem Entzücken: dann aber pflegt sich dies heute unendlich stiller und lautloser zu äußern und apathischer zu gebärden wie bei uns Idealisten von 1847.

Ueber die weite, baumlose Landschaft mit den braungrünen Hügelwellen begann sich die Dämmerung zu legen. Wunderliche Reitergestalten mit langen Lanzen, Hirten der Campagna, sprengten über diese Hügel dahin; schwere mit Büffeln bespannte Wagen, die uns begegneten, kündeten die Welt des Südens an; vom Morgenlande sprachen die am nahen, zu unserer Rechten schäumenden Meere sich erhebenden altersgrauen Saracenenthürme — der letzte Schein des schwindenden Abendroths verglomm im Westen, und in dem rasch kommenden Dunkel der Nacht fuhren wir weiter hinein in die Campagna, dies schweigende Todtenfeld der Geschichte.

Große Gemüthsbewegungen und der Schwung hochtragender Stimmungen pflegen nicht vorzuhalten, wenn sie über uns kommen in einer Postkutsche, die weiter und weiter in die Nacht hineinrollt und auf die Erreichung irgend eines Zieles gänzlich verzichtet zu haben scheint. Dies war bei der unseren Fahrt der Fall. Wir fuhren bergauf, bergab, wir fuhren mit galoppirenden Pferden und Maulthieren, wir fuhren mit einem Hallo und Peitschenknallen, wie es nur der wilde Jäger vorführen kann — von der Erreichung eines Ortes, der den Namen Rom führt, schien über gänzlich Abstand genommen zu sein und dies weiter nicht in Rede zu stehen. Dabei wurde es dunkler und dunkler, man nahm seufzend von der Hoffnung, wenigstens noch geringe Umrisse der kommenden Dinge wahrzunehmen, Abschied. Und so dehnten sich die Stunden, bis endlich um Mitternacht ein mächtig hoher Thorbau vor uns lag dürftig erleuchtet, von Douaniers besetzt, deren lästige Functionen von einem mit uns fahrenden Signor Avocato durch eine buona mancia abgekürzt wurden und wir nach einigem weiteren Peitschenknallen uns zur Seite einer Reihe riesenhoher Säulen befanden — im Schatten der Colonnade von Sanct Peter.

Wir waren durch die Parta Cavallegieri eingefahren.

Im Anfang wirkte Rom auf den Fremden, damals

noch mehr als heute, ernüchternd. Das Gewirr enger Gassen im Marsfelde, worin sich das Leben der großen Stadt zusammendrängt, der Schmutz, die aus den Fenstern flatternde Wäsche, das Alles paßte so wenig zu dem idealistischen Bilde, welches man sich von Rom gemacht. Der Wunderbau der Treppe am spanischen Platz, welche zu San Trinita di Monti hinaufführt, war durch den Schmutz, der sie bedeckte, kaum zu passiren. Todte Thiere neben Broccoli-Stengeln, Scherben und anderen Unrath auf der Straße zu finden, war nichts Ungewöhnliches — es blieb da liegen, bis ein paar Mal in der Woche eine Gesellschaft mit Besen bewehrter alter Mümmelgreise heranrückte. Ich glaube, sie hieß La beneficenza, diese Brüderschaft alter Männer, welche die Jahre längst wehrlos gemacht und die auch dem Schmutze nicht wehren konnten. Für die Beleuchtung Roms sorgte unsere liebe Frau, die Madonna. Vor ihren Bildern an allen Eckhäusern wurden Abends Oellampen entzündet — das mußte genügen.

Aber das waren nur Wahrnehmungen der ersten Stunde — in der zweiten waren sie ausgelöscht durch die Andeutungen alles Dessen, was uns hier erwartete, eines

Reichthums an hohen und herrlichen Dingen, auf den man gar nicht vorbereitet war. Denn das ist eben das Schöne und Fesselnde Roms, daß es mit seinem unerschöpflichen Reichthum immer auf's Neue überrascht, daß man stets in der Entdeckerfreude von Dingen ist, von denen man nichts wußte, von großen Schöpfungen des Alterthums, des Mittelalters, der Renaissance und der neuen Zeit. Und daß es so, je länger man darin weilt, je mehr man es kennen lernt, immer mehr wächst, einen immer reicheren Inhalt gewinnt und immer fester an sich bindet, während andere Weltstädte in den ersten Stunden aufregen, verwirren können und dann mit jedem Tage nüchterner erscheinen.

Wir hatten zunächst nach einem anständigen Quartier zu suchen und fanden es mit Beihilfe jenes Signor Avocato in der Via della Croce, trenta tre. Dann ging ich, mancherlei Empfehlungsschreiben an ihre Adresse zu bringen. Das erste zum Capitol. Hier, auf dem Tarpeischen Fels, hinter dem Palazzo Caffarelli, in einem der preußischen Regierung gehörenden Gebäude wohnte Dr. Emil Braun, der Secretär des archäologischen Institus und fleißiger Correspondent der Allgemeinen Zeitung. Der hochgewachsene magere Mann empfing mich mit liebenswürdiger Herzlichkeit — wir wurden bald befreundet, sprachen viel vom alten Ritter von Laßberg und mehr noch von der Politik des Tages, deren Hauptereigniß eine neue große Concession Pio Nonos an die liberalen Ideen war. Pio Nono hatte ein Statuto verliehen, eine Volksvertretung im Municipium der Stadt Rom gewährt, was eben jetzt in große Aufregung versetzte. Emil Braun führte mit seiner Vertrautheit mit den Verhältnissen und Personen in alles das mich ein, was mir, der als völliger Neuling kam, zunächst zu wissen nöthig; ich verdankte ihm bei der Erfüllung meiner Correspondentenpflichten unendlich Vieles. Er war geborener Thüringer, hatte sich aus beschränkten Verhältnissen emporgekämpft und in einem schon alternden jungen Mädchen eine Gönnerin gefunden, die ihm die Universitätsstudien möglich gemacht. Wohl mehr aus Dankbarkeit als aus Neigung hatte er sie dann geheirathet, und da sie, die kleine behäbige Dame, jetzt eine alte Frau war, so hatte sich der in den besten Jahren stehende noch jugendliche Mann angewöhnt, sich auch wie einen ergrauten Alten zu betrachten und zu geben. Es war das glücklichste, friedfertigste Paar von der Welt. Was den alten

Ritter, den Meister Sepp von Eppishusen angeht, so hatte Braun in seiner Jugend sich ein dankbares Andenken bei ihm gesichert. Laßberg schrieb darüber im März 1831 an Uhland: „Eine vollständige, leserliche und genau verglichene Abschrift des Ulrich von Liechtenstein ist als Eigenthum in meinen Händen und folglich auch ebensowohl in den Ihrigen. Ich glaube, Ihnen schon gesagt zu haben, daß letzten Herbst Professor Maßmann mich besuchte. Mit ihm kam ein junger Mann, Sohn des Forstmeisters Braun aus Gotha; er hatte ein Jahr bei Benecke zu Göttingen über altdeutsche Literatur Collegien gehört und ließ merken, daß er in einer guten Schule gewesen. Sie können sich leicht einbilden, daß die Sprache auch auf den Ulrich von Liechtenstein kam, obschon ich, da Maßmann schon zweimal ganz unaufgefordert versprochen hatte, mir ihn abzuschreiben, den Gegenstand nicht in Anregung bringen wollte. Auch diesmal erneuerte Maßmann sein altes Versprechen, Herr Braun aber verhielt sich ganz still und sprach kein Wörtchen darüber. Letzthin, als ich eben beim Nachtessen in Ludens Geschichte die Schlacht des Ariovist mit dem Cäsar las, erhalte ich ein Paket mit unbekannter Aufschrift, und nachdem ich es mit meiner gewöhnlichen Hastigkeit aufgebrochen hatte, fielen mir sogleich die Hefte des Frauendienstes in die Hände. ‚O du guter Mensch!' rief ich aus, ‚verdiene ich alter Mann denn auch so viele Liebe! Wie manche Stunde hat der Student sich von seinem Vergnügen abmüßigen müssen, um diese zwanzigtausend Verse abzuschreiben!' Ich muß gestehen, daß ich in langer, ja sehr langer Zeit nicht so tief gerührt war. Ja, die Pietät ist in der Brust deutscher Jünglinge noch nicht ausgestorben und wird es auch nimmermehr!"

In der That, dieser Zug rührender Hingabe eines jungen Mannes für einen verehrten Greis charakterisirt Braun besser als Alles, was ich über ihn sagen könnte. Nur das füge ich noch hinzu, daß er die leidige Neigung hatte, sich zu zersplittern. Er war Secretär des archäologischen Instituts; er war fleißiger Correspondent der Allgemeinen Zeitung; er war homöopathischer Arzt und immer versehen mit einem Vorrath von Pillen und Pulvern, so daß wir den schmächtigen, hochaufgeschossenen Mann neckend den „Pulverthurm" nannten; und endlich hatte er auf einem Speicher eines der der preußischen Gesandtschaft auf dem Capitol gehörenden Gebäude eine galvanoplastische Anstalt angelegt, welche sehr gelungene

Nachbildungen von antiken Bronzen und anderen Kunst=
gegenständen hervorbrachte. Durch diese Neigung, seine
Kräfte an nicht mehr zu übersehende Geschäftslasten zu
zertheilen, hat der gute Braun sich denn auch endlich den
Untergang bereitet. Er hat sich später in verschiedenste
industrielle Speculationen und Geschäftsbeziehungen, auch
mit dem bekannten Marchese Campana eingelassen und ist
in trauriger Weise in dessen unrühmliches Ende mit hinab=
gezogen. Der gelehrten Welt aber hat er ein hochgeschätztes
Werk über die Monumente Roms hinterlassen, das auch
in's Italienische übertragen ist.

In der Auffassung der politischen Situation war
Braun skeptisch, von conservativer Natur — sein Gegen=
satz darin war ein origineller Mensch in reiferen Jahren,
der sich Dr. Fritsche nannte und der, einmal uns bekannt
geworden, eine große, sich immer treubleibende Anhäng=
lichkeit entwickelte; er hatte sich auch bald unentbehrlich
gemacht, hilfreich nach allen Seiten hin. Ueber des be=
weglichen vielredenden Mannes Vergangenheit ist das
darüber ruhende Dunkel mir bis heute nicht recht auf=
geklärt worden; damals war er Correspondent des „Nürn=
berger Correspondenten", war ein „deutscher Biedermann"

durch und durch, glühte von edelster Freiheitsliebe und war bei alledem ein guter ehrlicher Sachse. Er war verheirathet mit einer Deutschen, die er in dienender Stellung in Rom kennen gelernt, wußte mit ihr, da er kinderlos war, mit achtzehn Scudi monatlich auszukommen und erlebte seine stolzesten Stunden, wenn er, als in Rom nationalisirt, zur Dienstleistung aufgerufen war unter den heldenmüthigen Vertheidigern der jungen bürgerlichen Freiheit, in der Guardia Civica, deren Errichtung Pio Nono verstattet hatte und die nun Rom mit dem Waffenlärm ihrer Bataillone, ihrer Musik, ihrer Pio Nono-Hymne erfüllte. Dr. Fritsche, der arme deutsche Schreiber, stand dann Wache vor dem Palast des römischen Krösus Torlonia, hinter sich, hinter den Eisengittern dessen goldgefüllte Kassen, vor sich die Goldberge, welche seine ahnungsvolle Unschuld in der nächsten Zukunft, in der weiteren freiheitlichen Entwickelung der Dinge erblickte, denn mit Pio Nonos Walten schien ihm der Beginn des goldenen Zeitalters gekommen. Nichts war ergötzlicher, als Dr. Fritsche anzuhören, wenn er beschäftigt war mit dem „Zertreten der Lügenbrut", der Jesuiten, der Codini, oder ihn die ungeheuerlichen Geschichten erzählen zu hören, die er aus den

Tagen Papa Gregorios und aus der Intimität seines häuslichen Lebens mitzutheilen wußte. Der gute „gesinnungstüchtige" Fritsche! Seine goldenen Aeraträume haben sich nicht erfüllt, und auch er ist darüber zu Grunde gegangen; später, 1849, eingereiht unter die Vertheidiger des zur Republik erklärten Rom, hat er unter Garibaldis Führung den Rückzug aus der eroberten Stadt nach Ancona mitgemacht, dann nach Genua sich gerettet und ist dort für mich verschollen.

Der Correspondent der „Kölnischen Zeitung" in Rom war bislang ein Mann gewesen, mit dem ich ebenfalls in Berührung gerieth. Dieser hochgewachsene, breitschulterige, martialisch aussehende Herr nannte sich Klitsche, Marquis de la Grange, war ursprünglich preußischer Unteroffizier in Magdeburg gewesen, dann auf eine wunderliche Weise päpstlicher Offizier, zuletzt Oberst geworden und befand sich jetzt außer Dienst. Er war trotz der glänzenden Carriere, die er gemacht, stets geldbedürftig, und was die ganze Persönlichkeit anging, so gehörte sehr geringe Menschenkenntniß dazu, um sich zu sagen, daß sie eine überaus fragwürdige Existenz, obwohl er eine Römerin aus vornehmem Hause geheirathet hatte und in Beziehung zu sehr angesehenen Männern stand, wie z. B. zu dem bekannten Pater Theiner, dessen Bekanntschaft ich ihm verdankte. Er führte mich eines Morgens zu ihm, auf die berühmte Bibliothek in dem Kloster der Chiesa nuova, der Theiner damals, wenn ich nicht irre, vorstand; und sodann in demselben, den Vätern des Oratoriums, der Stiftung Philippo Neris, gehörenden Kloster, zu dem ehemaligen General des Ordens der Theatiner, dem großen Redner Padre Giacchino Ventura, einem der hervorragendsten und genialsten Menschen, denen ich im Leben begegnet bin. Padre Ventura sah, wenn er als Redner die Kanzel bestieg und in San Andrea della Valle seine Löwenstimme erhob, das halbe Rom zusammenströmen. Aber nicht blos von seiner Beredtsamkeit sprach man, auch von seiner Schlagfertigkeit in der Unterhaltung erzählte man Anekdoten. Ich erinnere mich einer: Einst in einer Postkutsche mit einem vorlauten Franzosen zusammengepfercht, sei er von diesem mit spöttischen Fragen belästigt worden: nach seinem Kloster, seinem müßigen Mönchsleben, seiner Herkunft. Padre Ventura habe, den funkelnden Blick von seinem geöffneten Brevier erhebend, den Franzosen angeschaut und ihm geantwortet: Je suis Sicilien, monsieur, et veux dire mes vêpres — in einer Weise, daß der Franzose auf der weiteren Fahrt geschwiegen.

In seinen politischen Anschauungen huldigte er den Ideen Giobertis. Ich glaubte ebenfalls an diese und sprach eines Tages mit ihm über die in so vieler Beziehung mit den italienischen parallel laufenden deutschen Zustände: über die Zustände des Protestantismus und die Wirkung, welche auf diesen das Auftreten und das Wirken Pio Nonos hervorbringen müsse; wie die liberale Richtung der jetzigen höchsten Kirchengewalt, consequent bis zu einer inneren Restauraton der Kirche durchgeführt, alle conservativen Elemente des Protestantismus an sich ziehen und auf diesen, der in Deutschland an größter Zerfahrenheit leide, auflösend wirken werde, so daß aus der großen politischen Initiative des jetzigen höchsten Pontifex in Zukunft das große christliche Ideal einer einheitlichen abendländischen Kirche hervorgehen könne. Mit reger Theilnahme hörte Ventura mir zu und aufspringend sagte er: Mais il faut que vous disiez cela au Saint Père! Vous m'accompagnerez demain quand j'y vais au Vatican.

In meiner leidigen Blödigkeit erschrak ich sehr. Ich war auf nichts in der Welt weniger gefaßt als darauf, ohne Weiteres vor dem Papst zu erscheinen und ihm einen Vortrag zu halten — auch auf die Gefahr hin, Padre Venturas Wohlwollen zu verscherzen, lehnte ich die Wanderung zum Vatican ab, weil ich dem heiligen Vater nicht zumuthen dürfe, mit so viel Nachsicht wie er selber mein schlechtes Französisch anzuhören. Es war sehr thöricht, so sich von einer instinctiven einfältigen Befangenheit beherrschen zu lassen!

In jenen Tagen von 1847 konnte der frühere General des Theatinerordens seine Erhebung zum Cardinal erwarten. Er wurde es nicht — es kam die Wendung der Dinge im Jahre 1848 — Ventura mußte aus Rom flüchten und wandte sich nach Südfrankreich zu seinem Freunde, Monsignore Sibour, dem Bischof von Digne. Er ist auch bei der Restauration der römischen Verhältnisse nicht dahin zurückgekehrt — die neu zur Herrschaft gekommenen Gewalten konnten einen Mann wie Ventura in Rom nicht gebrauchen — er ist in der Verbannung gestorben.

Von allen Eindrücken, welche mir aus jener langentschwundenen Zeit treu geblieben sind, stehen mir fast am lebhaftesten die Wanderungen durch den stillen Klosterhof von Chiesa nuova in der Erinnerung. In großen und imposanten Verhältnissen wölbten sich da die Bogen über den Gängen des Quadrums; den Hof füllten üppige Orangenbäume mit zahllosen goldenen Früchten; die lautlose Stille unterbrach nichts als das Rauschen des Springbrunnens — nur die strahlende Sonnenscheibe blickte vom dunkelblauen Himmel mit all ihrem Lichtglanz in diese eigenthümliche Welt, über deren Eingang auch hätte geschrieben stehen können, was ich später über einem einsamen Bergkloster las: Entra, o fidel', in quest' asil di pace, Ove di Dio si parla e poi si tace. In solcher Umgebung — in der Unterhaltung mit einem Manne wie Padre Ventura — ihm zuhörend, wie er mit genialem Blick die Dinge sub specie æterni zu erfassen wußte, konnte man nur wie zurückversetzt sich wähnen in jene Tage der Renaissance, wo edle und große Menschen sich die sie umgebenden Lebensformen so künstlerisch schön und groß gestalten und ihr Gedankenleben so unausgesetzt dem Hohen und Bedeutenden zugewendet erhalten konnten.

Wie wir Heutigen wenigstens, da wir das Bedürfniß haben, an irgend einer idealistischen Vorstellung zu hängen, uns das so ausmalen. Aber jedenfalls ist mir, als ob Menschen wie Padre Ventura unsere Zeit nicht mehr hervorbringen könne. Es ist im Leben von heute, im modernen Geistesleben nicht genug historischer Stoff mehr, um sie zu bilden — denn hauptsächlich aus dem Mehl der Geschichte muß das Brot gebacken werden, das solche Geister aufnährt. „Den Menschen bildet seine Lebensgeschichte, den großartigen Menschen die Weltgeschichte," sagt ein berühmter Staatsmann.

Ich könnte nun einer Menge Namen erwähnen von Persönlichkeiten, deren Bekanntschaft mir in den ersten Tagen des römischen Aufenthalts wurde — berühmter und unberühmter, noch heute genannter und längst zum Orkus hinabgegangener und verschollener — wie des Professors Orioli, eines damals berühmten freisinnigen Mannes, den die von Pio Nono ertheilte Amnestie aus der Verbannung zurückgeführt hatte, ohne ihm seinen Lehrstuhl an der Universität zurückzugeben. Daneben steht mir in der Erinnerung die groteske Figur eines wunderlichen kleinen Weltfahrers, der sich Neugebaur nannte, früher Oberlandesgerichtsrath zu Münster, zu Breslau, dann Generalconsul zu Bukarest gewesen war und, jetzt pensionirt, ein Buch über die Umgebung Dresdens, ein anderes Buch über Sicilien geschrieben hatte, fahrig und oberflächlich wie mancherlei anderes noch, was er dem Druck übergeben; eine jener Nullen, welche weil sie Titel und Orden — Neugebaur hatte deren nicht wenige — und eine sie glücklich machende Ueberzeugung von ihrer geistigen Bedeutung haben, von der Welt als Zahl genommen werden. Der vielgenannte kleine bewegliche Ministerresident von Hannover, Herr v. Kestner, dagegen, der Sohn Lotte Buffs, machte mir, obwohl er einen weiteren Kreis der Bildung beherrschte, den Eindruck, als ob die Zahl, welche er darstelle, doch sehr unter der von seinen Freunden angenommenen Taxe sei; und sicherlich war dies der Fall bei dem württembergischen Geschäftsträger v. Kolb, dem Papst Gregor XVI. eine schöne Kassette geschenkt hatte und der sehr offen seinen Aerger über den neuesten Weltlauf und seine Furcht vor den Folgen aussprach. Am würdigsten war damals Preußen vertreten durch den Gesandten Freiherrn von Usedom, der in dem noch nicht unser Staatseigenthum gewordenen, noch unausgebauten Palazzo Caffarelli im oberen Stockwerk hauste und von da herab auf die aufgeregte, in fortwährender Gährung befindliche, von Demonstrationen, Illuminationen, Festzügen aller Art in Athem gehaltene ewige Stadt mit weiterem Blick und größeren Zukunftsgedanken niederschaute als alle die geängsteten Diplomaten der kleinen, an Oesterreich sich anklammernden Staaten. Herr von Usedom erwies sich gegen die ihm empfohlenen Landsleute von der liebenswürdigsten Zuvorkommenheit und Gastlichkeit — es war an seinem Tische in kleiner Tafelrunde, daß ich zum erstenmal den damaligen Ministerresidenten Preußens am toskanischen Hofe, Alfred von Reumont, sah, den gelehrten Kenner des ganzen Gebietes der italienischen Geschichte, den Mann, dessen Name nur das Gefühl wärmster Dankbarkeit erwecken kann bei Allen, welche je Belehrung suchten über irgend eine Seite der historischen Verhältnisse der Halbinsel.

Zunächst aber kommt man nach Rom, um den Papst zu sehen — und wie hätte man nicht damals erregt danach verlangen sollen, wo Pio Nonos Name auf allen Lippen war — wo das Evviva Pio nono auf alle Mauern geschrieben stand, wo die Pio-Nono-Hymne das tägliche Brot aller Musikcorps war, wo Alles diesen unvergleichlichen Sommo Pontefice mit dem großen und weiten Herzen und den patriotischen Gedanken pries! Er hatte die Amnestie gegeben, die Tausende edler Männer der Heimath und dem Kreise ihrer Familie zurückgegeben — freilich auch eine bedenkliche Menge fragwürdiger Existenzen nach Rom gebracht. Er hatte die Errichtung der Bürgerwehr verstattet. Er hatte den Censurdruck auf's Liberalste gemildert*) und dem Municipium von Rom eine neue liberale Organisation verliehen. Er hatte ganz vor Kurzem, als er die vor seinem Palast auf dem Monte Caballo dienstthuende Abtheilung der Guardia Civica sich vorstellen ließ, das alle Herzen begeisternde Wort gesprochen: „L'Italia devra risurgere!" Er stand auf der höchsten Höhe seiner Popularität.

Einen der schönen Tage des Herbstanfangs hatte er auf seinem Landsitz von Castel Gandolfo zugebracht — um Mittag hieß es, daß er schon gegen Abend von dort zurückkehren würde. Dr. Fritsche, der immer Beflissene, kam erregt mit dieser Kunde, und wir säumten am Nach-

---

*) Pio Nono spottete der Censur. In einer Opernarie hatte sie bei der Aufführung die Worte: „delle harpe angeliche" in „harpe armoniche" verwandeln lassen. Der Papst, der gewöhnlich seine Spazierfahrten durch die Porta Angelica machte, befahl am anderen Tage auf die Frage des Stallmeisters: „Wohin?" kaustisch lächelnd: „Per la Porta armonica." — Später freilich, nach der Rückkehr von Gaeta, hatte er nichts dagegen, daß in Gounods „Margaretha" aus dem Teufel ein — Arzt und Hausfreund Fausts gemacht werden mußte.

mittage nicht, uns von ihm hinausführen zu lassen zu dem Orte, wo wir am besten des Rückkehrenden würden ansichtig werden können. Es war draußen an der Porta di San Giovanni. Hier um den hohen Obelisken des todten Aegypterkönigs Totmes IV., der anderthalbtausend Jahre vor Christus lebte, um den Palast des Laterans und den Prachtbau jener von Konstantin gegründeten Basilika, welche sich stolz omnium urbis et orbis mater caput ecclesiarum nennt, hatte sich eine unendliche Menschenfluth ergossen, die vom Quirinal an bis hierher ebenfalls alle Straßen und Plätze füllte. Von den Treppenstufen der weiten Terrasse vor der Façade des uralten Johannestempels übersah man das dichtgedrängte Volk, dieses Meer von Fußgängern, Reitern, Karossen und Wagen; in ihrer Mitte, ein Spalier bildend, die Civica, das heißt Alles, was von jungen Männern in Rom so glücklich war, ein Gewehr und ein Paar weißer Bandeliere zu besitzen. Ueber sie empor, links, stieg die Halle der Scala Santa, auf welcher Christus der Herr einst zum Palaste des Pilatus hinaufschritt. Weiter rechts und links zeigten sich die Trümmer der Römerwelt: die Bogenwölbungen der Aurelianischen Mauer, das thurmgekrönte Thor, durch welches der Gothe Totilas in Rom einbrach und Robert Guiscard, der wilde Zerstörer, mit seinen Normannenschaaren drang — und über ihnen, weit drüben jenseits das schöne blauende Albanergebirge mit seinen Kastellen, seinen Villen. Es war unmöglich, sich der tiefsten Erregung zu erwehren auf diesem zauberhaften Fleck Erde. Dort, von der untergehenden Sonne angeglänzt, das Denkmal der urältesten menschlichen Culturentwickelung, auf seinen dunklen Porphyrseiten mit geheimnißvollen Hieroglyphen beschrieben und bedeckt, so unverständlich für uns wie der ganze Gedanke dieses Todtenlandes Mizraim; hier die immer noch fest aufrecht stehenden Reste und Ruinen aus jenen Jahrhunderten, in welchen Rom sagen konnte: „Die Welt, das bin ich!" und drei Schritte davon die Monumente, die großen Schöpfungen des duldenden und kämpfenden und dann siegenden Christenthums, voll säulenstolzer Herrlichkeit. Und nun, nachdem von eben diesem Lateran aus die Ideen des Christenthums und der Geist einer Weltkirche die Menschen beherrscht so viele Jahrhunderte hindurch, nun der neue, Alles überdröhnende Ruf: Evviva Pio nono, das hieß: der Hohepriester, der eine neue Weltepoche beginnt, eine Aera der Verbrüderung der Völker, eine Aera der Freiheit der Selbstbestimmung für den Einzelnen; Evviva Pio nono, das hieß: die Zukunft der mündig gewordenen Menschheit — in der That, wer hätte in dieser Stunde an diesem Platze stehen können, ohne tief erregt, ohne, vom allgemeinen Enthusiasmus fortgerissen, die Geschichte der Welt an sich herantreten zu fühlen!

Die Abenddämmerung zog herauf, das Gebirge von Albano wurde dunkler und dunkler, die fernen Wellen der Campagna überzogen sich mit ihren eigenthümlich schönen violetten Tinten; der Schein der Abendröthe verglühte auf den eben noch vergoldeten Tempelkuppeln der ewigen Stadt. Die kühle Abendluft kam mit der Malaria drohend, aber die sonst um diese Stunde so behutsamen Römer wichen nicht; sie hielten geduldig Stand und ließen sich kein Warten verdrießen. Und weshalb das Alles? Um Pio Nono zu empfangen. Kehrte er denn nach einer langen Abwesenheit heim? Oder waren die Gelegenheiten so gar selten, ihn zu sehen und ihm zuzurufen, wie man ihn liebte? O nein, keine Woche verfloß, in welcher er sich nicht bei irgend einer Gelegenheit öffentlich zeigte, und was seine Abwesenheit betraf, so hatte sie ja, wie gesagt, kaum einen Tag gedauert — erst am frühen Morgen war er nach Castell Gandolfo gefahren. Aber die Römer, schien es, wollten ihm zeigen, wie ihre Anhänglichkeit jedem seiner Schritte folge. Darum dies unermeßliche Gedränge von Personen aus allen Ständen, von den höchsten bis zu den untersten, diese glänzenden Karossen und schäbigen Fiaker, diese malerischen bunten Gruppen von Trasteverinern, Mönchen, Soldaten, Zöglingen der Collegien in ihren rothen, violetten, schwarzen Talaren.

Man harrte lange. Ein unglücklicher Bursche in weißem Kittel war von seinem böswilligen Schicksal dazu ausersehen, unterdessen als Ablenker der Ungeduld zu dienen. Er war beim Versuche eines harmlosen kleinen Taschendiebstahls ertappt worden und beim Kragen gefaßt, und zwei Mann Guardia Civica führten ihn ab. Dieser Anblick schwellte das Herz unseres Fiakerkutschers mit patriotischem Stolze; um ihn auszuströmen, kletterte er mit bewundernswürdiger Behendigkeit von seinem Bock herab und stand nun über den Wagenschlag gelehnt, um mit einer Fluth von Worten und mit Händen und Armen seinen fremden Fahrgästen auseinanderzusetzen, wie seit der Einführung der Civica in Rom ein Unfug irgend einer

Art, ein Verbrechen gar nicht mehr möglich sei, wie ihre Wachsamkeit jede Schlechtigkeit verhindere. Ich glaube, der Mann war geneigt, alle Buß- und Heilsanstalten der heiligen Mutter Kirche für obsolet und unnütz zu erklären seit der Einführung der glorreichen Civica. Jetzt aber verkündete ein heransprengendes Dragonergeschwader das Nahen des Erwarteten. In der Ferne erhob sich tosendes Jubelgeschrei, das näher und näher schwoll. Auf einem schäumenden Braunen kam ein rosiger junger Mensch in Stallmeisteruniform mit wehendem Federbusch dahergaloppirt — die Römer kannten ihn als den steten Vorreiter und Liebling des Papstes — und nun, während die Glocken der nahen Thürme sich betäubend zu schwingen begannen, rollten ein vier- und zwei sechsspännige Reisewagen heran, in deren zweitem, von seiner Nobelgarde escortirt, der Papst saß — allein, im weißen Hausornat, aus weitgeöffneten großen braunen Augen niederschauend, unermüdlich mit leiser Handbewegung sein Volk segnend. Dies Volk aber schrie seine Evvivas mit einem wie bis zur Wuth gesteigerten Fanatismus unaufhörlich, tosend, donnernd, Glockengeläute und die Musik übertönend, schreckhaft und als ob die Sterne vom Himmel heruntergeschrieen werden sollten.

Freund Fritsche versicherte, solch ein Enthusiasmus breche in dieser uns Nordländer erschreckenden Weise immer aus, wo Pio Nono sich nur sehen lasse. Heute freilich vielleicht gesteigert um des neuesten Motuproprio willen, welches der alten Roma eine neue liberale Stadtverfassung ertheile; und dann sei es auch kund geworden, daß es innere Erlebnisse, Kämpfe mit sich selber im Herzen dieses Mannes gegeben, der ja auf dem Wege, den er eingeschlagen, des Widerstandes, der düsteren vor ihm aufgerollten Schreckbilder, der drohenden Abmahnungen genug finde. So solle das Jauchzen und der Jubel des Volkes ihn stark machen, ihn sich selber treu erhalten; es solle, eine umgekehrte Penelopearbeit, am Tage zerstören, was im Dunkel die reactionäre Camarilla spinne. Freund Fritsche drückte sich über diese nicht so parlamentarisch aus; aber er mochte recht haben: dies heftige, fast wahnsinnige Evviva Pio nono war ein ebenso heftiges: Vorwärts, vorwärts, vorwärts, heiliger Mann — oder: Evviva la morte.

Bis zu diesem Ruf war man jetzt freilich noch nicht gekommen — doch als der fascinirende überwältigende Eindruck der Scene sich verzogen, kam doch auch unabweisbar der sorgliche Gedanke, ob der heilige Vater wohlthue, diesem leidenschaftlichen Volke gegenüber so rasch vorwärts zu gehen, ohne irgend zu verrathen, daß er den Spruch Oliver Cromwells kenne: „Vertraut auf Gott und haltet euer Pulver trocken!" Mochte er auf sein Volk vertrauen, mochte er die von Gregor XVI. viel zu straff gespannten Zügel der Herrschaft schießen lassen — aber auch zusehen, aus welchem Leder denn eigentlich diese Zügel geschnitten waren, ob sie fest und haltbar im Fall eines Unglücks oder alt und morsch, und welche Mittel denn da waren, um dem bei allem Fanatismus der Begeisterung doch auch denkbaren Exceß zu wehren. Als einige Tage später die Guardia Civica mit ihrer Ausrüstung und Uniformirung fertig war, hielt sie eine Parade auf den Farnesischen Feldern bei Ponte Molle ab — zugleich mit dem päpstlichen Linienmilitär: ein Fest der Vereinigung, der Verbrüderung, der Gleichheit, wie es genannt wurde. Und als sie dann durch den Corso heimkehrte, sechzehn oder siebzehn Bataillone stark, fast alles schöne, stattliche Männer mit dunklen Augen und vollen Bärten, in einer höchst kleidsamen Uniform von Grün und Roth, vor jedem Bataillon das Musikcorps mit den Klängen der Pio-Nono-

Hymne — da zeigte der Augenschein, daß die päpstliche Armee ein bedrohliches Element neben sich erhalten und daß Pio Nono wohlthun würde, die landesväterlichen Blicke auch auf sie zu werfen, die bei Organisatoren wie Oberst Klitsche, Marquis de la Grange sich in bedenklichen Händen befinden mochte.

Verstärkt kam mir dieser Gedanke, als ich bald nachher in den Kreis einer merkwürdigen Frau gerieth, bei welcher Professor Orioli mich einführte, einer Fürstin Christine Belgiojoso.

Ich erinnere mich nicht mehr, wem ich die Einführung bei der berühmtesten aller politischen Frauen jener Zeit verdanke; ich glaube, dem würdigen Professor Orioli, vielleicht auch dem überall heimischen kleinen Manne, dem Geheimrath Neugebaur — ich sehe eben sehr lebhaft seine Gestalt vor mir, wie er im Salon der Fürstin Belgiojoso in der Sophaecke vor dem Kamin sitzt, die ganze Brust mit zusammengeklepperten Orden bedeckt und ein über alle Beschreibung schauderhaftes Französisch radebrechend, welches mir das angenehme Bewußtsein giebt, daß sich, daneben gehalten, das meine doch als leidlich und erträglich ausnehmen müsse; wenn ich sonst auch allen Grund hatte, bescheiden darüber zu denken. Unsereins bleibt eben in den neueren Sprachen meist ungewandt. Unsere gelehrten Schulen geben sie uns nicht; die Stunden aber, welche wir hätten benutzen mögen, durch eigenen Fleiß diese wichtigste Aussteuer für das Leben zu gewinnen, rauben sie uns, um uns die Gehirnkräfte und die Kopfnerven mit sphärischer Trigonometrie und Kegelschnittberechnungen zu schwächen, wenn uns auch dafür die gütige Mutter Natur jegliches Begriffsvermögen versagt hat; oder sie sorgen durch andere „Ueberbürdungen" dafür, daß einem wissensdurstigen jungen Menschen schon der Muthwille freiwilliger privater Bildungsbestrebungen vergeht.

Die Fürstin Christine Barbian-Belgiojoso lebte nach friedlichem Uebereinkommen von ihrem Manne getrennt; sie besaß eine Tochter, ein Kind von zehn Jahren damals — sie selbst mochte den Vierzigen nahe stehen und war eine noch immer schöne Frau, mittlerer Größe, schlank, dunkel, mit einem olivengelben Teint, einem Kopf, der fast mehr den Typus der Französin als den der Italienerin zeigte. In ihrem Wesen war sie von der einfachsten Natürlichkeit; es war wenig von aristokratischer Abgemessenheit darin, wie man sie überhaupt selten bei dem hohen

Adel Italiens findet, wo der Kastendünkel etwas Unbekanntes ist. Die vornehme Dame, die sich doch bewußt war, die Erbin des Namens und Ruhmes des Hauses Trivulzio zu sein, eines der erlauchtesten Oberitaliens, vertrug sich in der Fürstin mit einem offenbaren Ansatz von Viragothum in ihren Allüren.

Auch lebte sie auf sehr einfachem Fuße; ich habe als ihre Umgebung nur eine Bonne in irgend einem phantastischen, sehr reichen Nationalcostüm und einen jungen, auffallend schönen Mann, ihren Secretär, gesehen, für den sie eine große Güte und Besorgtheit an den Tag legte, was der Aermste seinem Zustande verdanken mochte, denn er war wachsbleich und offenbar schwindsüchtig.

Die Fürstin war seit Jahren in lebhafter politischer Thätigkeit gewesen; sie hatte in Paris gelebt, einen Salon gehalten, publicistisch gewirkt — und jetzt war sie mit hochgeschwellten Hoffnungen für die Befreiung Italiens von dem ganzen Elend seiner Zustände und seiner Zerklüftung nach Rom gekommen. In dem Idealtraum Giobertis von einem päpstlichen Primat als politischem Bande Italiens und oberstem Schiedsrichterthum der Culturwelt hatte sie nie etwas anderes freilich als eine katholisch-liberale Ideologie gesehen; ihre nächsten Hoffnungen mußten sich an Piemont knüpfen; und ihr politisches Princip war, man müsse sehen, durch wen dem Vaterlande am Ende das Heil gebracht werden würde: ob durch die Monarchie, ob durch die eigne Anstrengung des republikanisch sich constituirenden Volkes; man müsse sich halten an den, dem der große Wurf gelinge.

Ueber die geographische Lage meines Vaterlandes Westfalen hatte die Fürstin natürlich nur höchst verschwommene und nebelhafte Vorstellungen — daß sie überhaupt welche davon hatte, war nur dem Umstande zu verdanken, daß, wie sie sehr gut wußte, Jerome Bonoparte König davon gewesen. Sie hatte ihn nämlich persönlich gekannt in der Zeit, wo er in Rom in dem Palast an der Piazza di Venetia residirt, und sie erzählte ausführlich von ihm. Er müsse nach dem Zusammenbruch seiner königlichen Herrlichkeit noch immer wohl dotirt geblieben sein und habe, obwohl er als Privatmann gelebt, doch das königliche Bewußtsein nicht verloren und sich mit einem Rest von Hofetikette umgeben. Wenn er eine Gesellschaft zum Diner eingeladen gehabt, habe er z. B. nie einer Dame den Arm geboten, und kein Herr habe den seinen der Exkönigin bieten dürfen. Als sie, die Fürstin, eines Tages zum Diner zu ihm geladen gewesen, habe sie zu ihrer Ueberraschung, gleich nachdem die Thüren zum Speisesaal sich geöffnet, den Exkönig, die Hände auf dem Rücken, sich hineinstürzen sehen, um als der Erste und allein einzutreten, und gerade so habe es nach ihm die Exkönigin gemacht. — Nach dem Tode der letzteren hatte er Rom verlassen und sich in Florenz angesiedelt, wo seit Jahren sein Bruder Louis lebte, und dort hatte er einer Dame aus einer vornehmen Toskaner Familie ein zärtliches Interesse eingeflößt, das diese bewog, dem edelmüthigen Gedanken zu folgen, ihr Leben der Verschönerung des Daseins eines Mitgliedes des Hauses Bonaparte zu widmen. Treu dieser übernommenen Mission hatte die Marchesa *** seitdem den König Jerome auf allen seinen Wanderungen begleitet und vorlängst in Paris die Honneurs seines Salons gemacht.

Später, wo der entthronte Souverän Gouverneur der Invaliden ward, hat dieses Verhältniß abgebrochen werden müssen, obwohl das ihm anvertraute Corps in einem Alter stand, das es über die Gefahr der Ansteckung durch solch böses Beispiel hinwegbringen mußte.

Die Fürstin Belgiojoso war überhaupt mit den Schicksalen der Napoleoniden sehr vertraut und sprach, auf sie hingelenkt, öfter ausführlich von ihnen. In Rom spielte damals der älteste Sohn von Lucian Bonaparte, der Prinz von Canino, als vorgeschrittener Liberaler eine Rolle.

Die Fürstin, die in Rom in einem Palazzo in der Via della Croce unserer Wohnung gegenüber ein bescheidenes Appartemento bezogen hatte, erhielt dort eines Abends eine Huldigung durch einen großen Volksaufzug, eine jener Demonstrationen, wie sie damals an der Tagesordnung waren, und wurde dabei als die Heroine Italiens gefeiert. Sie hielt auch Reden bei ihr gegebenen Festen oder auch sogar in einem Café, das als Sammelplatz der vorgeschrittenen Partei diente. Aber sie blieb nicht lange in Rom. Als es im Winter in Sicilien zu einem Ausbruch kam, in Calabrien, in Neapel selbst zu gähren begann und jene Bewegung anbrach, welche im Anfang des Februars 1848 den Bourbonenkönig zur Ertheilung und feierlichen Beschwörung einer Constitution zwang, war die Fürstin Belgiojoso aus Rom verschwunden und hatte sich nach Neapel begeben. In Neapel auch, in ihrer Wohnung auf der Chiaja, habe ich sie zum letztenmal gesehen; ich fand sie umgeben von einem ganzen Generalstab von meist jüngeren Männern — Männer, die damals völlig meiner Beachtung entgingen und unter denen sicherlich viele waren, die in den stürmischen Bewegungen der kommenden Tage sich einen berühmten Namen gemacht haben.

Als dann im April 1848 der Krieg zwischen Piemont und Oesterreich ausbrach und Carlo Alberto in die Lombardei rückte, hat die Fürstin ganz auf ihre eigenen Kosten ein Freicorps zur Unterstützung der vaterländischen Sache ausgerüstet. Sie hatte schon in ihrem früheren Leben die größten Opfer dafür gebracht, Zeitungen gegründet, in der französischen Presse gewirkt, Unterstützungen für politische Flüchtlinge gewährt — auch vieles geschrieben; unter anderen einen — „Essai sur la formation du dogme catholique." — Nach dem unglücklichen Ausgang des Krieges sah sie sich ihrer Güter beraubt und lebte nun in Paris; dann war sie im Frühjahr 1849 in Florenz, in Rom, als dieses zur Republik erklärt worden war, und nach dem Sturz der kurzen Herrlichkeit wandte sie sich nach dem Orient, wo sie als Zufluchtsort eine kleine Stadt in Kleinasien erwählte.

Während dieser stürmischen Tage, vornehmlich in den ersten Monaten von 1849, schrieb die Fürstin mir von Zeit zu Zeit umfangreiche Briefe — es mochte ihr daran gelegen sein, ein großes Organ in Deutschland wie die Kölnische Zeitung von ihrem politischen Standpunkt aus über den Gang der Ereignisse unterrichtet zu wissen. Sie enthielten unter anderem interessante Umrisse zur Charakteristik der leitenden Persönlichkeiten, diese flüchtig, aber immer geistreich, oft sarkastisch geschriebenen Briefe — z. B. des ihr verhaßten „Prinz-Präsidenten" und seines Anhangs; Mazzinis, in welchem sie einen völlig unpraktischen Menschen erblickte, der in seiner Stellung an der Spitze der römischen Republik völlig den Kopf verloren habe; und des Padre Ventura, an dem sie den glühenden Patriotismus hervorhob. Ich will hier, aus ihrem Französisch übertragen, ihren Brief über Ventura zum Gedächtniß des mir unvergeßlichen Mannes folgen lassen:

„Ventura wurde im Jahre 1789 in Sicilien geboren und ist früh in die Gesellschaft der Theatiner eingetreten,

einen Orden, der sich vorzugsweise dem Predigen und
also auch dem Studium widmet. Die leidenschaftliche
Natur des sicilianischen Mönches konnte sich also ein
Genüge thun, indem er sich der Kanzel bemächtigte, aus
der er eine Bühne machte, auf welcher er die stürmischen
Gefühle die in ihm gährten, den hochherzigen christlichen
und patriotischen Schwung, von dem er erfüllt war, aus=
strömen ließ. Der ganze Unterschied zwischen Prediger
und Prediger besteht darin, daß der eine in Wirklichkeit
hingerissen ist und daß der andere sich stellt, als sei er
es. Der erstere wird leidenschaftlich, weil das, was er
vorbringt, weil sein Gegenstand es rechtfertigt; der
andere entwickelt seine Leidenschaft bei allem und jedem,
wie man sagt: à tort et à travers. Die erste Kategorie
ist nicht sehr zahlreich, und Diejenigen, welche ihr ange=
hören, erwerben sich bald eine gewisse Berühmtheit. Dies
war, was sofort auch dem Pater Ventura zu theil wurde.
Der Wohlklang seines Organs, der anziehende Ausdruck
seiner regelmäßig geschnittenen Züge unterstützten die
Wirkung seines Talentes, seiner echten Empfindung, seiner
Intelligenz. Ventura begnügte sich jedoch nicht mit dem
Ruhme des Predigers; er schrieb mehrere Werke, worunter

das bedeutendste den Titel „De methodo philosophandi" trägt.

„Herr von Lamennais ist das Haupt einer Schule gewesen, die man die katholisch-liberale nennen könnte. Aber nachdem er auf's Heftigste den engen Bund oder besser die Solidarität des Katholicismus und der Freiheit vertheidigt hatte, kamen ihm die schärfsten Verweise aus Rom zu. Lamennais wollte sich dawider auflehnen; er wanderte selbst nach Rom, um dem Papst klar zu machen, daß seine Doctrin die einzige sei, worin die Rettung der Kirche liege. Damit brachte er es denn glücklich dahin, daß der Papst ihn absetzte und ihm die Ausübung priesterlicher Functionen untersagte. Von da an verzichtete Lamennais auf sein System der Versöhnung zwischen Kirche und Freiheit, das niemand einleuchten wollte. Er erblickte nun in dem Katholicismus oder wenigstens seinen Anhängern die unverbesserlichen Feinde der menschlichen Freiheitsentwickelung; damit war er fertig mit ihnen und sah ihr Ende voraus; sich kühn auf die Seite der Freiheit stellend, wurde er nun von den Katholiken Apostat, Renegat, Ketzer u. s. w. geschmäht.

„Nachdem die katholisch-liberale Schule mit ihm ihr

Haupt verloren, entwickelte sie sich dennoch mächtig weiter. Mehr als ein junger Priester warf sich zum Apostel der Religion und der Freiheit auf, und der Abbé Gioberti verirrte sich bis zu der Behauptung, der Papst sei vorherbestimmt, den Triumph der Freiheit zuerst in Italien und sodann in der übrigen Welt durchzuführen. Man weiß heute, welches Vertrauen die Glaubensbekenntnisse des Abbé Gioberti verdienen. Vor drei Monaten entschuldigte er sich wegen seiner Parteinahme für den Papst, indem er sie seinem Verlangen zuschrieb, sich damit dem italienischen Volke theuer zu machen, und vor vierzehn Tage verleugnete er das Princip der Volkssouveränetät und wollte mit piemontesischen Waffen Leopold von Toskana und Pio Nono wieder auf den Thron gesetzt wissen. So hat auch dies Haupt des katholischen Liberalismus noch schmählicher als das erste ausgespielt.*)

„Nur das letzte Mitglied dieses Triumvirats steht noch aufrecht in der Achtung der Zeitgenossen — wenn

---

*) Gioberti hat doch bekanntlich später noch als Kammerpräsident in Turin, als Ministerpräsident, als Gesandter eine Rolle gespielt bis zu seinem Tode 1852, und das Urtheil der Fürstin über ihn ist wohl das der Tagesstimmung und — der Fürstin Belgiojoso.

auch die Gunst, deren Ventura früher bei dem heiligen Vater genoß, bedeutend erschüttert ist. Auch er war in den Strom der liberalen Ideen gerathen, aber die Art und Weise, wie er es unternahm, diese letzteren mit den kirchlichen und päpstlichen Doctrinen zu versöhnen, ließ ihm eine Zeit lang alle Herzen im Vatican zuschlagen. Die Sache ist die, daß Pater Ventura die italienische Freiheit gründen wollte und sicherstellen durch die erweiterte Macht der Kirche — ein Weg, den die Häupter des Priesterthums außerordentlich bereit waren einzuschlagen, auch wenn er am Ende zum entgegengesetzten Extrem geführt hätte. Padre Ventura argumentirte so: Die Freiheit, die Gleichheit u. s. w. sind ausdrücklich durch das Evangelium vorgeschrieben. Des Evangeliums ausschließliche, unfehlbare Deuterin ist die römisch-katholische Kirche. Also damit die im Evangelium ausgesprochenen Principien zu ihrer vollen und ungehinderten Entwickelung gelangen, muß die Kirche eine ungeheuer erweiterte Macht bekommen. Nach diesem System arbeitete Pater Ventura nun für die Machterweiterung der Kirche, und der Constitutionsentwurf, welchen er wiederholt Pio Nono vorlegte, ging zunächst darauf aus, aus dem Cardinalscollegium eine Art Parlament nach dem Einkammersystem zu bilden und zu verhindern, daß die Presse die halb klerikalen, halb weltlichen Einrichtungen angreife, welche er einführen wollte. Man begreift, daß, ohne die Rathschläge Pater Venturas anzunehmen, Pio Nono ihm von Herzen für seine guten Absichten Dank wußte. Was diesen aber hinderte, sich ihm völlig hinzugeben, war der Eifer, womit der Theatinermönch die Unabhängigkeit Siciliens vertheidigte, den Krieg gegen die Oesterreicher predigte und in Ekstase gerieth beim bloßen Klang des Wortes: Freiheit. Auf der anderen Seite waren es diese Gefühle, die trotz seiner Constitution ihn der demokratischen Partei theuer machten. Diese Situation verlängerte sich, bis der Bruch Pio Nonos mit seinem Volke, mit der italienischen Unabhängigkeit und mit der Freiheit erfolgte. In die Alternativen gedrängt, zu wählen zwischen seinen zwei früheren Idolen, und schmerzlich belehrt, daß er nicht mehr beiden zugleich werde opfern können, entschied er sich für die Freiheit und das Vaterland und scheute sich nicht, seinen Tadel auf Pio Nono zu werfen. Die Ultra=Katholiken dagegen werfen heute den Stein auf ihn, während ihn die Einsichtigen und Klarschauenden erst jetzt zu einem der Ihrigen zählen.

„Von den drei Prieſtern, welche ein Bündniß zwiſchen dem Katholicismus und der Freiheit herſtellen wollten, haben die zwei, die ernſten Willens ihr Ziel verfolgten, mit dem römiſchen Katholicismus gebrochen und ſind dem Freiheitsgedanken treu geblieben. Der dritte, der ſich nicht ſcheute, die Politik und die Opportunität als das, was ihm ſeine katholiſch-liberalen Ideen eingegeben, anzurufen, hat in dem Augenblick, wo er wie die anderen ſich ent=ſcheiden mußte, die Vertheidigung der Freiheit im Stich gelaſſen und iſt in's päpſtliche Heerlager übergegangen. Ehre dem Pater Ventura, der zu den zwei erſten gehört!"

Die Fürſtin lebte in dürftigſten Verhältniſſen in ihrem Zufluchtsort in der Nähe von Smyrna, bis ſie die Aufhebung der Beſchlagnahme ihrer Güter erlangte und nun, im Jahr 1856, in ihr Vaterland zurückkehrte. Im Jahre 1871 iſt ſie, dreiundſechzig Jahre alt, geſtorben. Und heute, nach all dieſem raſtloſen, aufreibenden, ununter=brochenen Mühen, Streben und Treiben ihres Viragothums, iſt doch der ſchönſte Ruhm, der ihr geblieben, ein echt weiblicher — der ihrer Freundſchaft für den unglücklichen Auguſtin Thierry, dem ſie früher jahrelang die aufopferungs=vollſte Pflegerin geweſen war.

Unterdeß — während ich den Zauber der römischen Tage auf mich wirken ließ oder mich in der politischen Welt zu orientiren suchte — hatte Pio Nono durch ein motu proprio einen neuen Anlaß zum Jubel gegeben. Er hatte sich entschlossen, einen bedeutenden Schritt weiter auf seinem Wege zu thun, und wenn man bedenkt, auf wie viel Hemmnisse er dabei gestoßen sein mag von Seiten der ihm Widerstand leistenden Elemente im Vatican, der Wortführer der alten Anschauungen und ganz besonders der ausländischen und inländischen Diplomaten, so mußte man den Muth bewundern, womit er die große und für seinen Staat nach dessen ganzer Natur so verwickelte Frage nach einer Constitution frischweg durch eine That zu lösen wagte. Es war zwar nicht die Constitution Padre Venturas mit einer einzigen, einer Cardinalskammer, die er einem Volke verlieh, es war eine andere, deren Kernpunkt in der Einführung eines repräsentativen Körpers unter dem Namen Consulta di Stato lag. Also eines Staatsrathes, aber eines gewählten, eines aus der Wahl der Municipien, der Gemeinden hervorgegangenen, der die Regierung durch seinen Beirath unterstützen sollte. Damit war nun allerdings nach unseren Begriffen wenig, nach den damaligen Verhältnissen viel gegeben — im Staat der Kirche, worin ja Pio Nono nicht allein Herr war, sondern das Cardinalscollegium sich als Mittheilhaber der Souveränetät betrachtete und jeder Beeinträchtigung derselben widerstrebte. Daher der Enthusiasmus der Römer über diese Errungenschaft, in den sich bei den politischen Köpfen, den fortgeschrittenen Liberalen wohl auch die Zuversicht mischte, daß aus solch einem Keime einer constitutionellen Institution mit der Zeit Größeres und Weitergreifendes sich schon entwickeln lassen werde. So brach denn an dem Tage, an dem das motu proprio verkündet worden, am 15. October, in der Siebenhügelstadt der ungemessenste Jubel aus. Auf dem venetianischen Platze, dem düsteren Palastkoloß der österreichischen Botschaft gegenüber, sah ich die Civicawache ihre kriegerische Rüstung beiseite legen und Kränze und Blumenkronen um den neuen Maueranschlag anbringen. Der Corso, die Cafés, das Café de' belle Arti und das Café nuovo, die liberalen Hauptquartiere, waren voll erregter Menschen, und am Abend war ganz Rom illuminirt — zu Illuminationen war man immer vorbereitet und gerüstet, denn jeder Tag konnte zum Festtag werden. Von der Piazza del Popolo her aber zog ein ungeheurer Fackelzug heran, gewiß mehrere Tausend Fackeln, denn der ganze eine Miglie lange Corso wurde nach und nach von dem Zuge eingenommen. Ueber diesem schwebten weiße Banner mit Inschriften, und die zum Nationallied gewordene Hymne auf Pius, von nicht endenden Evvivarufen durchschmettert, erfüllte die enge Corsoschlucht mit ihren energischen Noten und Klängen, immer neu wiederholt von neu sich folgenden Musikchören. Dann wälzte sich die Fluth den Monte Cavallo hinan, und die Kolosse der Rossebändiger, die Phidias und Praxiteles geschaffen haben sollen, glühten dunkelroth im Flammenschein auf, während über dem hochwirbelnden Qualm der Pechbrände, der wie ein Opferrauch aufstieg, eine Wetterwolke den Himmel über dem Quirinal mit harmlosen Blitzen durchschnitt — die Blitze des Vaticans waren ein friedliches Wetterleuchten über dem Hause Pius IX. geworden.

Die Römer sind erfinderisch in Allem, was Schmuck, Zier, Schaustellung und künstlerische Anordnung ist! Sie wissen auch die Einförmigkeit des Hergebrachten bei solchen Festzügen und herkömmlichen Freudendemonstrationen durch Abwechselung und neue Wendungen zu vermeiden. So senkten diesmal Alle ihre Fackeln tief auf den Boden; der weite Platz wurde wieder dunkel, fast wie er gewesen, aber die dichtgedrängte schwarze Menschenmasse schien auf einem Feuermeer zu schwimmen, auf einer aufglühenden Lavafluth zu schweben. Unterdessen tönten Hymne, Musik, Rufen fort, unermüdlich, immer gleich stürmisch und brausend, obwohl es lange, lange währte, bis das Nahen des Papstes sich ankündigte und: Ecco il Papa! überall über den Platz erscholl. Es war ein mattes aufdämmerndes Leuchten in den Scheiben der letzten entferntesten Fenster einer langen Reihe; das Licht glitt immer näher, wurde leuchtender, blitzte in einem Fenster nach dem anderen auf, man unterschied weiße Wachsfackeln, erkannte die Gestalten langsam wandelnder Bussolanten und Prälaten; endlich flogen die hohen Flügel der Balconthür über dem Palastthore auf. Das Gefolge des Papstes gruppirte sich zur Rechten und Linken auf dem Balcon, dessen Ballustrade mit Decken von Purpursammet überhangen war, und jetzt erschien die weiße Papstgestalt inmitten dieses Bildes. In diesem Augenblicke aber, wie im Nu, hoben auf dem Platze unten alle die tausend Fackeln sich empor und ergossen ihre Gluth über das Bild, über die ganze wunderbare Scenerie, die es umgab. Es war ein völlig überraschender magischer Effect. Der weiße Papst da oben aber hob beide Arme mit wunderbarer Würde und Anmuth zum Nachthimmel auf; ein furchtbares Jubelgeschrei hatte sein erstes Erscheinen begrüßt, jetzt folgte eine Todtenstille; leise Töne zitterten über die Menge hin und schwollen an — der Papst sang mit seiner schönen sonoren Stimme den Segensspruch über sein Volk, und dies weltlich erregte, zu einer politischen Demonstration zusammengeströmmte, nur davon erfüllte Volk lag auf den Knieen und beugte das Haupt wie ein Mann. Es war eine ergreifende Scene, es hatte etwas überaus Edles und Würdevolles, wie die ganz persönliche Huldigung und Verherrlichung, die man der Person darbrachte, von der Person abgelehnt und auf das Hohepriesterthum übertragen wurde.

Ich schritt tief bewegt und gedankenvoll durch die vollgedrängten erleuchteten Straßen heim. Ich war damals so voll noch vom jugendlichen Optimismus, daß ich an Dauer und Bestand glauben konnte für dies ganz ideale Verhältniß zwischen einem erleuchteten, mit kühnem Wagemuth sein Volk schrittweise der Freiheit und der Selbstregierung entgegenführenden Herrscher und seinem für ihn schwärmenden, in Dankbarkeit erglühenden Volke: an Dauer und Bestand nicht allein, sondern auch an die nachziehende zwingende Gewalt, welche es auf die anderen italienischen und dann die ferner liegenden Staaten üben müsse, bis für Italien, für Deutschland eine erträgliche Ordnung der Dinge herbeigeführt sei. Wie anders stellt das Bild sich heute dar! Nun ja, ein wenig längere Dauer hätte es schon gehabt, wenn nicht der Sturm der Februarrevolution so plötzlich gekommen wäre, um alle Lampen der Pio Nono-Illuminationen auszublasen. Aber gründlich war dem Kirchenstaat, war Italien durch Pio Nonos Idealismus nicht zu helfen. Gründlich wäre nur zu helfen gewesen, wenn dieser Papst verwegen genug gewesen wäre, wieder anzuknüpfen an die Ideen Alexanders VI. Borgias; wenn er, was dieser ausführen zu können erstrebte: aus dem Papstthum eine Privatpfründe der Borgias zu machen, den Kirchenstaat zu säcularisiren, die Macht dieses Staates aber so zu erweitern, um alle Fremden aus Italien werfen und es unter einem Haupte einigen zu können — wenn er diese Ideen wieder aufzunehmen und sie durchzuführen verwegen genug gewesen wäre. Pio Nono hätte das in diesem Augenblicke vermocht.

Alexander Borgia vermochte es nicht, weil das Werkzeug, dessen er sich dabei bediente, sein Sohn Cesare, trotz aller Verruchtheit und Schlechtigkeit sich doch als zu schwach erwies. Pio Nonos Werkzeug, sein Mittel wäre seine Popularität gewesen, und diese war damals allmächtig; er hätte Alles damit fort- und sich nachgerissen. Ganz so leicht, wie später Garibaldi den Bourbonenthron in Neapel umriß. Aber zu solch einer rücksichtslosen Hingabe an die Revolution — für einen Priester, einen Papst — welche dämonische Natur, welche nichtsachtende eiserne Willenskraft wäre dazu nöthig gewesen! Es zeugt doch wohl nichts mehr für den ethischen Fortschritt der Menschheit, als die völlige Unmöglichkeit, einem Priester unseres Jahrhunderts einen Gedanken unterzuschieben, der wohl noch anderen Päpsten der Renaissance als blos Alexander VI. ein ganz gesunder scheinen mochte. Und wie fern er Pio Nono lag! Man versicherte, er hasse nichts so sehr, als sich sagen lassen zu müssen, seine lediglich für seine Staaten berechnete Politik übe Einfluß auf die Nachbarstaaten, auf ganz Italien aus. Er wolle nichts sein als ein Vater seiner Unterthanen und priesterlicher Hirt seiner Heerde — niemand könne weiter davon entfernt sein, politische Pläne zu verfolgen, als er. Daß aber in anderen Köpfen derartige Ideen aufgetaucht waren, drückte ein radikaler Römer aus, den ich den Vorschlag machen hörte, den Bruder des Papstes, den Grafen Mastai, kommen zu lassen, damit er die weltliche Herrschaft übernehme und für die weitere Entwickelung der Dinge sorge. — Aber sicherlich, wenn Pio Nono kein Alexander VI. war — der Graf Mastai-Ferretti aus Sinigaglia wäre noch weniger ein Cäsar Borgia gewesen!

Nach und nach machte sich der Herbst fühlbar, es kamen graue und Regentage, und Freund Fritsche, der immer gefällige, sorgte für einen Vorrath aus Cicerovacchios, des Capo-Popolo, Brennholzlager, um eine angenehme und freundliche, aber wenig wärmende Flamme in dem möglichst unpraktisch construirten Kamin zu entzünden. Um diese sammelten sich dann in den Abendstunden bei uns manche der neugewonnenen Bekannten. So mein guter münsterischer Landsmann, der Bildhauer Wilhelm Achtermann, eine höchst charateristische Gestalt von hohem Wuchs und mit einem Typus des Gesichts, der an Michel Angelo erinnerte — ein Mann, von dem man nicht wußte, ist er mehr Bauer oder Künstler oder mehr Kapuziner. Ich verstehe unter Bauer etwas sehr Ehrenwerthes; Achtermann war es gewesen, Großknecht auf einem Bauerhof, Schreinergesell, hatte sich dann, schon in den Dreißigen stehend, auf bewundernswürdige Weise mit echt westfälischer Zähigkeit durchgeschlagen, um seinem Kunsttrieb nachgehen zu können, war dabei in dieser gottverlorenen Welt immer frommer, immer wundergläubiger geworden — nach jenem „Werdet fromm wie die Tauben und klug wie die Schlangen!" — und hatte es nun dahin gebracht, daß er nach so viel Schicksalswechseln hier in Rom seine großen Mamorgruppen aushauen konnte, dem Gebiete der religiösen Kunst — da er keine andere gelten ließ — angehörende Arbeiten, deren Composition und Ausführung gleiche Anerkennung fanden. Ein Kapuziner war er aber auch durch und durch; er konnte die unglaublichsten Wundergeschichten, die seinen Lebenspfad umgeben, mit einem mystischen Beichtstuhlflüsterton vortragen. Und ich glaube, er war stolzer darauf, daß man ihn in den Vorstand einer deutschen Kirchhof-Fraternität aufgenommen hatte als auf seine schöngelungene marmorne Pieta für den Dom zu Münster.

Ganz ohne einen Hang zum Mysticismus war auch

ein anderer zuweilen erscheinender Gast nicht, nämlich der brave, sinnige Professor Fr. Orioli — der sinnigste aller Italiener, die ich habe kennen gelernt. Ehemals Professor der Philosophie in Bologna, hatte er als politischer Flüchtling lange in Paris gelebt, war dann als Lehrer in Corfu thätig gewesen und gehörte jetzt, durch Pio Nonos Thronbesteigung zurückgeführt, zu den Mitarbeitern der „Bilancia", eines Journals der gemäßigten Mitte — der Moderados, auf welche in stürmischen Tagen Niemand zu hören pflegt. Dies Schicksal hatte denn auch den liebenswürdigen, herzensguten Mann getroffen, und es verdüsterte ihm seine Tage; er überließ sich dunklen Vorahnungen und Kassandra-Weissagungen. Zu seinen gelehrten Forschungen gehörten auch die über den thierischen Magnetismus, dessen Geschichte er bis in das graue Alterthum hinein verfolgt hatte; er hatte sogar die denkwürdige Thatsache an's Licht gezogen, daß man schon im alten Karthago Somnambüle gekannt. Ein Mann, hatte er bei einem alten Autor gefunden, war in Karthago als Zauberer vor Gericht gestellt worden, weil er durch Geheimmittel und Manipulationen ein junges Mädchen in einen Zustand versetzt hatte, der nach den Angaben des Autors offenbar ein somnambüler gewesen war, wie denn auch jene Manipulationen ganz dem entsprochen zu haben schienen, was wir als die gewöhnlichen Proceduren beim Magnetisiren kennen. Interessant waren auch Oriolis Beobachtungen und Mittheilungen über ein Gebiet, welches wir dem Südländer fremd wähnen, als ob das Sonnenleben der glücklichen Kinder des Südens alle nebelgeborenen Wahnvorstellungen des Nordländers ausschlösse. Im Widerspruch damit erzählte Orioli von mannigfachen Phänomenen, von Visionen, Ahnungen und mystischen Vorgängen, deren Schauplatz Italien war, und betheuerte, mancherlei Thatsachen derart aus eigener Erfahrung zu haben. Gespannt hörte er auch auf das, was ich ihm von dem wunderlichen System meines lieben alten Freundes Justinus Kerner mittheilen konnte.

Orioli hatte mich auch bei Massimo d'Azeglio eingeführt, der sich damals in Rom aufhielt und sehr bescheiden vier Treppen hoch in einem Hause am Ende der Via degli Convertiti wohnte, in Mußestunden, welche ihm die Politik frei ließ, als tüchtiger Landschaftsmaler beschäftigt. Er hatte kurz vorher eine Lettera al Professore Orioli herausgegeben, dessen Anschauungen er nahe stand, und sich darin apologetisch für Pio Nono über dessen neues Censurgesetz ausgelassen. Das hatte in diesem Augenblicke seine Popularität nicht eben vergrößert — überhaupt ahnte man damals noch nicht, zu welcher großen politischen Wirksamkeit das Schicksal diesen so anspruchslos sich gebenden Schriftsteller und Maler bestimmt hatte. Azeglios Persönlichkeit hatte etwas in hohem Grade Gewinnendes; er war eine hohe, schlanke Gestalt von vornehmer Haltung, hatte große blaue Augen mit einem Ausdruck freundlicher Milde, und seine ganze Erscheinung hatte einen deutschen Typus. Auch gehörte ja Azeglio einem alten Geschlecht Piemonts an, das wie die Lombardei vielfach deutsches Blut in sich aufgenommen hat und einen stärkeren, größeren Menschenschlag, als der eigentliche italienische ist, besitzt. Gerieth doch auch König Victor Amadeus II. jedesmal in hellen Aerger, wenn man in seiner Gegenwart Piemont zu Italien zählte. Der Marchese Azeglio war durch seine schriftstellerische Thätigkeit, seine politischen und gesellschaftlichen Beziehungen, seine Malerei außerordentlich in Anspruch genommen — Besuche machte er in früher Morgenstunde — ich habe deshalb ihn nur von Zeit zu Zeit gesehen, zuletzt, in der

Volksfluth mit ihm zusammengedrängt, auf der Piazza di Venetia, als in den Märztagen des folgenden Jahres, nach dem Einlaufen der Nachricht von dem Sturz Metternichs in Wien, das Volk dort vom Palaste der österreichischen Botschaft die kaiserlichen Wappen niederriß. — Azeglio hatte mir mehrere seiner Schriften geschenkt, und später, in der Erinnerung an diese persönlichen Beziehungen und erfüllt von dem Parallelismus und der Analogie, die zwischen den Missionen Preußens in Deutschland und Piemonts in Italien herrschten, dedicirte ich ihm, der unterdessen Ministerpräsident geworden, einen meiner Romane; er antwortete darauf:

Monsieur,

J'ai reçu les deux Volumes en tête desquels vous avez bien voulu écrire mon nom; aussi que la lettre bienveillante qui me les annonçait, et je vous en rémercie sincèrement. Lorsque j'eus l'honneur de vous voir à Rome je ne m'attendais guère, ni vous non plus, à me voir un jour Ministre, du peintre changé en Président du Conseil! Cela peint notre époque d'un trait. Comme je me suis opposé de toutes mes forces à cette étrange métamorphose et que je ne l'ai subie qu'à mon corps défendant, j'en ai la conscience en repos; et si la bonne opinion que vous voulez bien avoir de moi tenait un peu de l'illusion, si je ne pouvais pas justifier vos bienveilleux jugements à mon sujet, il serait juste de dire qu'on m'a forcé de faire un métier qui n'était pas le mien. Après cela je vous dirai que dans la politique actuelle, le plus important — et ce qui est plus rare malheureusement — est à mon avis: 1) la loyauté; 2) le désinteressement. Avec ses deux qualités je crois qu'on finit toujours par marcher, si on n'est pas absolument un idiot. Et sur ces deus qualités — je laisse de côté toute modestie — je me crois ferré. Ainsi marchons et Dieu féra le reste.

Je voudrais pouvoir vous parler de votre ouvrage et surtout en apprécier les beautés; mais je dois humblement avouer mon ignorance de votre belle langue. Agréez, Monsieur, avec mes sincères remercîments l'assurance de ma haute considération.

Turin, 13 Août 1851.

Azeglio.

Ehe ich fortfahre, solcher persönlichen Berührungen zu gedenken, muß ich von einem neuen Jubeltag erzählen, der über Rom unterdeß heraufgestiegen war — dem 15. November 1847, an welchem die feierliche Inauguration der von Pius IX. in's Leben gerufenen Consulta stattfand. Diese Consulta war eigentlich nichts als ein berathender Körper, dessen Mitglieder der Papst ernannt hatte — jedoch aus Listen von je drei Candidaten, welche die Provinzialräthe aufgestellt hatten, nach Urlisten von wieder je drei Candidaten, welche ihnen von den Communalräthen der Provinzen eingereicht waren. Im Ganzen waren ihrer vierundzwanzig; dazu kam ein Cardinal als Präsident, ein Prälat als Vicepräsident. Damit war denn eigentlich herzlich wenig gegeben, die Wahlen waren aber dennoch meist auf populäre Männer gefallen — eines großen Jubels bedurfte man auch wieder nach einigen still verflossenen Tagen, und so war denn Rom am fünfzehnten wieder im festlichsten Schwunge; man sah in der Consulta, was man darin sehen wollte: den ersten Stein zum Gebäude einer Constitution. Dagegen zwar legte Pius IX. entschieden und ernst Protest ein in der Rede, welche er den um neun Uhr morgens im Quirinal zur Audienz um ihn versammelten Consultatoren hielt, einer Rede, in welcher durch die ernste Warnung vor zu stürmischem Weiterdrängen schon etwas klang von einer Ahnung jenes:

> Die ich rief, die Geister,
> Werd ich nicht mehr los.

Aber das Volk vernahm diese Rede nicht, es vernahm erst später, wie furchtbar erregt, wie schmerzlich erschüttert der heilige Vater dabei gewesen sein sollte, und ließ sich in seinem Jubel nicht irre machen. Nach der Audienz entwickelte sich vom Hofe des Quirinals aus der Festzug. Züge von Truppen verschiedener Waffengattungen eröffneten ihn. Die Karossen des Cardinalpräsidenten, die des Vicepräsidenten der Consulta sowie der Abgeordneten der Stadt Rom waren umgeben von den Bannern der vierzehn Quartiere (Rionen) der ewigen Stadt und denen der Universität. Dann kamen in einzelnen Galawagen die Mitglieder der Consulta, vor jedem ein Panoplion, daneben Standarten, den alten Feldzeichen römischer Heere gleich, worauf die Namen der vertretenen Städte und Gemeinden zu lesen waren. Hinter jedem Wagen zog eine Schaar der Bürger der betreffenden Stadt und eine Musikbande zog ihm voraus. Truppen, Guardia civica schlossen den Zug. Die Häuserfronten der Straßen bis zum Vatican strotzten von jeglicher Art Schmuck: Teppichen, Gobelins, Fahnen, Medaillons mit den Köpfen der großen Männer Italiens, Statuen, Trophäen, zu deren Aufbau alte Harnische und Waffen aus Rüstkammern hervorgezogen waren, Inschriften u. s. w. Das Alles eingefaßt von Kränzen, Laub- und Blumenfülle. Blüthenregen schauerte auf einzelne besonders populäre Männer im Zuge nieder, während Inschriften in Vers und Prosa ihnen ankündigten, zu welchen hohen Dingen sie berufen, welche Wunder des Volkes vielverlangende Phantasie von ihnen erwarte. „Ihr seid die Brücke über der tiefen Kluft zwischen Regierung und Volk!" hieß es da; „Ihr seid der Spiegel, in welchem die Wünsche unseres Herzens sich bespiegeln!" „Ihr seid die Träger unserer Zukunft!" „Ihr seid die Retter in unserer tiefen Noth, gesandt von Gott und von Pius IX.!" und hundert ähnliche Ausdrücke des südländischen Pathos. Der Zug bewegte sich nach der Peterskirche; im schönsten Sonnenlicht lag der ungeheure Platz; aber alle diese zusammengeströmten Menschen, alle diese Truppenaufstellungen, alle diese Karossen füllten den gewaltigen Raum nicht aus. Ja, im Inneren des Petersdomes selbst entstand kein Gedränge; die im Zuge schreitenden Musikbanden füllten mit ihren Klängen den weiten Bau nicht aus, die schmetternden Noten der Pio-Nono-Hymne, die in diesen Gewölben emporstiegen und ihr Echo zu Hilfe riefen, schienen machtlos zu verhallen, ohne bis in die höchste Kuppelwölbung emporklimmen zu können.

Als die Deputirten durch die Kirche schritten, hatte ich Gelegenheit, ihre äußere Erscheinung in's Auge zu fassen. Es waren Männer von der dem Italiener der gebildeten Stände eigenen würdigen Haltung, mit der ihnen allen gemeinsamen Repräsentationsgabe, Männer mit intelligentesten Köpfen. Am meisten fiel mir ein steinalter Mann mit langem weißem Haar auf, ein Kopf, der dem Mirabeaus außerordentlich ähnlich sah; und bei der Kleidung des Alten — er war in einen Frack von hellblauem Sammet gekleidet — war solch ein Erinnertwerden an die Nationalversammlung von 1790, mit welcher diese harmlose Consulta sonst so wenig Aehnlichkeit hatte, um so verzeihlicher. Es war der reiche Marchese Lodovico Gualterio, Vertreter von Orvieto. Unter den anderen wurden der Neffe des Papstes, Graf Luigi Mastai, dann

Gaetano Renſi, der Vertreter von Ferrara, ein ehemaliger politiſcher Flüchtling, ferner Minghetti, der Begründer und Redacteur einer einflußreichen neuen Zeitung, „Il Felſineo“, mit lauten Acclamationen aufgenommen — Marco Minghetti iſt wohl der einzige heut noch lebende von all dieſen Conſultatoren. Uebrigens zeigte ſich darin, welche Macht eine Zeitſtrömung hat — in dieſe von ſo viel Kautelen umgebene, ſo viel conſervativen Bürgſchaften umhegte und ſorgſam durchſichtete Vertretung waren ehemalige Flüchtlinge und Journaliſten eingedrungen.

Für uns Deutſche hatte übrigens der Jubeltag der Römer noch ſeine beſondere Aufregung, ſeine halb tragiſche Bedeutung gehabt. Es war vorher bekannt geworden, daß dem großen Feſtzug ſich die Toscaner, die Piemonteſen in Rom, dann auch die engliſche Colonie und die franzö=ſiſche und mehrere andere anſchließen würden. Weshalb, fragten wir uns, nicht auch die deutſche? Dieſelbe beſtand zumeiſt aus Künſtlern. Bei ihnen fand die Frage ſehr verſchiedene Antworten. Ein Theil war von einer unbe=ſtimmten inſtinctiven Angſt vor der Theilnahme an einer politiſchen Demonſtration erfüllt; manche andere waren durch kleine Staatsſubventionen, wie ſie damals, meiſt bettelhaft genug, verliehen wurden, gezwungen, Rücksichten zu nehmen; und sehr viele antworteten auf jene Frage mit der anderen: Mit welchem Banner sollen wir denn aufziehen? Deutschland ist wie Italien ein geographischer Begriff! Ich war sehr lebhaft für die Auskunft, kühn zu den verpönten alten Reichsfarben zu greifen; Dr. Emil Braun und Fritsche standen mir bei, und meine Frau durchhaute mit eifrig thätiger Hand den gordischen Knoten, indem sie in unglaublich kurzer Zeit eine prachtvolle Fahne aus schwarzer und rother Seide und schönstem Goldstoff herstellte.

Die Fahnenfrage, die Absicht einzelner nationaler Gruppen von Ausländern, sich dem Zuge anzuschließen, hatte unterdeß jedoch die ganze Diplomatie in Aufregung gebracht. Sie hatte, ich weiß nicht welche Fülle von Gefahren in einer solchen Erweiterung des Festzuges gesehen; der Staatssecretär Cardinal Ferretti ließ dieselbe verbieten; die Gesandten von Toscana und Piemont reclamirten dagegen zu Gunsten ihrer Schutzangehörigen — an uns Deutsche kam eine Aufforderung des Fest= comités, an einer Versammlung im (jetzt verschwundenen) Theater Aliberti theil zu nehmen, wo über die Frage berathen werden solle. Zu den dahin Abgeordneten gehörend, hatte ich den Vorzug, in dichtester Nähe Cicerovacchios Rednergabe, hübschen Schnurrbart und ganz reputirliches Embonpoint bewundern zu können. — Zuletzt, als alle die Fahnen verschiedener Nationen am Morgen des 15. November nun doch vor dem Quirinal aufgezogen waren, erschien der Chef der Guardia civica, ein Fürst Rospigliosi, unter den Versammelten mit der Erklärung, der heilige Vater ließe uns „mit aller seiner Gentilezza" bitten, da das Fest ein rein römisches sei, alle fremden Fahnen fortzulassen. Wir zogen also, während die Söhne Albions murrten und wetterten, mit deutscher Geduld ab; zum Capitol, um dort in einem der zur preußischen Gesandtschaft gehörenden Gebäude auf der Rupe Tarpeja unsere Fahne zu bergen. Als wir die hohe Treppe zum Capitol hinanzogen, ließ Markus Niebuhr, der Sohn des berühmten Geschichtsforschers, der unter uns war, die theuren schwarz-roth-goldenen Farben, zu deren Träger er erkoren worden, frei in den Lüften flattern; wir sangen: „Was ist des Deutschen Vaterland?" und stellten endlich das deutsche Banner da oben in den Schutz Preußens.

Am Abend aber versammelten wir uns in demselben,

ein wenig speicherhaften Raume — Dr. Emil Braun benutzte ihn als Atelier für seine galvanoplastischen Kunsterzeugnisse — und feierten hier an dem Tage, wo das frohe Italien ein Freiheitsfest beging, ein Fest patriotischer Resignation, geschart um den alten deutschen Tröster, die Flasche süßen Weines. Pius' IX. lorbeerumschlungene Büste blickte auf uns mildlächelnd nieder, umgeben und umhangen von den Falten des unglücklichen Fahnentuchs. Toaste in Prosa und Versen fehlten nicht — aber keiner sprach die frohe Ahnung aus, wie bald — nach den kommenden Märztagen — diese Farben sich wieder entfalten und nun von den Alpen bis zur Eider stolz in den Lüften wehen sollten!

Mit der sich steigernden politischen Erregung der Tage, die sich in ihren Aufzügen, Demonstrationen, Illuminationen und Festreden ein Genüge that, aber über eine gewisse innere Unwahrheit und den Charakter der Maske schon nicht mehr blenden konnte, wenn sie beharrlich den Schein festhielt, mit der Strömung der Ideen und Absichten Pio Nonos zu gehen, während dieser sich sicherlich oft schon ganz elend und herzenskrank fühlte über Alles, was in seinem Namen geschah, vorging und ausgesprochen wurde — während dessen mehrten sich für uns in erfreulichster Weise die persönlichen Berührungen. Es hing damals die deutsche Colonie noch freundnachbarlich mit der skandinavischen zusammen; in der letzteren hielt ein Stiftsamtmann Thyggesen ein sehr angenehmes Haus für musikliebende Menschen offen, die sich Sonntag Abends bei ihm trafen und hauptsächlich um eine der Töchter des Hauses gruppirten; in einer stillen Ecke sinnend, oder wenn man will, brütend, saß dort Jens Adolf Jerichau; entweder Herkules oder Hebe, die er in einer gerühmten Gruppe zusammengebracht, mußte ihn mit des Gedankens Blässe angekränkelt haben — die lebhafte, bewegliche junge Frau, die er eben heimgeführt, die geniale Elisabeth Baumann, konnte dies mit ihrem heiteren Sichgeben doch nicht — er hätte denn, in die Zukunft vorausschauend, die Genialität später bis in's nicht mehr ganz Heimliche sich entwickeln sehen müssen. Bis jetzt war es noch ein überaus originelles Künstlerleben, welches die beiden eben Vermählten führten, in einem zweistöckigen, aus Brettern construirten, aber ganz wohnlich gemachten Atelier, wo der Bildhauer unten seine Thonmodelle machte, die Malerin oben ihre römischen Mädchen am Brunnen in packender

Lebensgröße schuf. Elisabeth Jerichau = Baumann war ein ganz eminentes, in Deutschland, wo sie doch zu ihrer Zeit unbestritten die bedeutendste Künstlerin war, wohl nicht genug anerkanntes Talent; sie suchte nur zu unstät ihre eigentliche Richtung nach verschiedensten Seiten hin, bis der Orient ihr zu einer Concentration verhalf. Auch Porträts malte sie, und eines, das ich von ihr besitze, ist mit seiner plastischen Modellirung eine ganz hervorragende Leistung.

Eine andere interessante Erscheinung war ein schlanker junger Irländer, der zuweilen in dieser Gesellschaft erschien, hinter dessen Geheimniß man aber nicht kam. Mit seinen dunklen, glühenden Augen, seinem schwarzen Lockenhaar konnte man ihn ein verkörpertes Shelley'sches Gedicht nennen, und wenn man die Andeutungen, welche er mit scheu verschlossener Rückhaltung über die Zielstrebigkeit seines Lebensweges fallen ließ, sich zu erklären suchte, so kam man darauf, daß er für sich allein die Leistungen einer ganzen Freimaurergesellschaft aufwiegen wolle. Vielleicht war er ein Agent der White=Boys oder des Capitäns Rock, oder einer anderen der vielen schmerztönen= den Saiten der irischen Harfe, der mit der jetzigen politischen Strömung in Rom Anknüpfungen suchte. Er gebot über große Geldmittel und einen staunenswerthen Schatz von Kenntnissen und allgemeiner Bildung, von dem man kaum begriff, wie er in seinem noch so jungen Leben ihn gewonnen haben konnte. Seine Reisen übrigens hatten ihn schon oft nach Rom geführt. Und hier beobachtete er, wie er sagte, eine eigenthümliche Seelendiätetik. Als er das erste Mal hier war, hatte er von den Wundern der ewigen Stadt nichts besucht als das Colosseum. Er hielt es für unrecht, nachdem er die ungeheure Schöpfung gesehen und solch ein großes Bild antiken Daseins in seinem Geist aufgenommen, den Eindruck durch das Anschauen anderer Monumente zu stören. Bei seinem jetzigen Aufenthalt in Rom sah Mister B. blos den Vatican.

Eine merkwürdige Figur war auch ein kleiner, freundlicher Geistlicher, Abbate Santini. Hinter der Piazza Navona in seinem kleinen bescheidenen Stübchen hatte dieser Mann einen Schatz zusammengetragen, wie nicht leicht irgendwo ein zweiter sich findet. Es waren die Werke aller alten Maestros und Componisten, welche die schönen Zeiten des sangreichen alten Italiens verherrlicht haben. Neben seinen Musikalienschränken hatte er eine bunte Reihe von stattlichen Fracturschrifttafeln unter Glas und Rahmen aufgehängt, worauf in lateinischem Lapidarstil der Tag und die Stunde gefeiert wurden, in welchen irgend ein berühmter Musiker, wie Liszt, wie Thalberg, ihn und seinen Schatz zu sehen gekommen war. An jedem Donnerstag versammelte er eine Gesellschaft Dilettanten um sich; dann erwachten die Geister Palestrinas, Marcellos aus ihrem Todesschlummer, und in der Stube des armen Vicars schwangen sich die Seelen von wunderbaren Tonschöpfungen zu neuem Leben auf, welche ohne ihn vielleicht für ewig so verschollen und verklungen sein würden wie die Seufzer Tassos oder die Träume des Ariost.

Noch eine Gestalt dieser Gesellschaft muß ich skizziren. Sie ist die anmuthigste von allen, eine elegante und edle Erscheinung mit einem feinen Gesicht, das lang herunterhängende hellblonde Locken umgeben. Es ist die Hofdame jener stattlichen Prinzessin aus dem Dänenreiche dort, welche eben den hannoverschen Minister mit ihrer gnädigen Conversation entzückt; sie ist eine Urenkelin der großen Condés, eine Enkelin eines Grafen von Charolais. Ludwig Philipps Habsucht behält der Familie das unermeßliche Erbe des letzten Herzogs von Bourbon vor, welches der schlaue Julikönig seinem Sohne, dem Herzog von Aumale, zu sichern wußte. Eine Verwandte des elfenhaften Fräuleins hat ihre Ansprüche auf jenes Erbe gegen eine lebenslängliche bedeutende Jahresrente fahren lassen. Sie soll von dem Augenblicke an der Gegenstand räthselhafter Verfolgungen gewesen sein, und eines Abends hat man sie mit zerschlagenem Kopfe todt am Fuße ihrer Treppe gefunden.

Einen seltsamen, echt italienisch exaltirten Charakter habe ich damals in einer feierlichen öffentlichen Sitzung der Academia Tiberina beobachtet. Diese Akademien in Italien sind merkwürdige Ueberreste aus jener Zeit, als Europa noch der schönen Halbinsel eine neue Offenbarung in Wissenschaft und Kunst verdankte, als man in Italien das klassische Alterthum zur Auferstehung rief, als die Renaissance das ganze Leben des Volkes durchdrang und auf seine Sitten jenen durchgreifenden Einfluß ausübte, der noch immer nicht verwischt ist und zum Charakter=
bilde der Nation einen der liebenswürdigsten Züge fügt.

Es war in einem großen und hohen Saale eines alten Palastes, um zwei Uhr, wie man dort rechnete, um sieben Uhr Abends nach unserer Uhr. Von der schön ge=

täfelten Decke hing ein Rococo-Kronleuchter nieder und bestrahlte mit hellem Lichte das Bild Pius' IX., das dem Eingange gegenüber, von Blumenkränzen umgeben, die Hauptwand zierte. Darunter auf einer erhöhten Tribüne saßen diejenigen Mitglieder, welche heute Vorträge halten wollten, unter ihnen vier Geistliche und drei Frauen. Alle Vorträge, so hieß es auf dem gedruckten Programm, sollten nur ein Thema — das Lob des unsterblichen Pio — enthalten.

Nachdem der Präsident — es war der berühmte Bildhauer Tenerani, ein reich mit Orden geschmückter, schöner alter Mann — das Zeichen gegeben, begann der Journalist Sterbini den Prosavortrag des Abends.

Sterbini war nicht schön, er glich im Gegentheil einer wilden Katze, auch hatte er kein wohltönendes Organ, und dennoch riß er alle Zuhörer hin durch das Feuer seines Vortrages.

Er sprach, wie angegeben, nur vom Papst und den wohlthätigen Folgen seiner Regierung. Guardia Civica, Consulta di Stato, Municipio di Roma waren natürlich die Glanzpunkte der fortwährend durch Applaus unterbrochenen Lobrede des „Immortale". Als aber Sterbini von den Feinden des Papstes und ihren Bestrebungen, Ränken und Intriguen zu reden anfing, da kannte der Beifall keine Grenzen mehr.

Man fürchtete nämlich für den Augenblick eine Reaction. Es war bekannt, daß der Papst, dessen zuversichtsvolle Heiterkeit und fröhliche Sicherheit immer ein Hauptzug seines Charakters gewesen, seit kurzer Zeit niedergeschlagen, ängstlich und traurig sei. Dies schrieb man denn einzig und allein seiner nächsten Umgebung zu, die ihm fortwährend schwarze Bilder zeige und sich auf das Möglichste anstrenge, seine klare Seele zu verdüstern und einzuschüchtern. — Deshalb denn der wüthende Applaus, wenn Sterbini von den im Dunkeln schleichenden Feinden Pius' sprach und sie mit Schlangen, Nachteulen und giftigem Gewürm verglich. Auch als der Redner von auswärtiger, feindlicher Politik sprach, wobei man an Frankreich dachte, dem die Römer durchaus nicht grün sind, schrieen und klatschten die Zuhörer; dies steigerte sich noch immer, bis er ungefähr so fortfuhr:

„Wir bedürfen keiner auswärtigen Stütze; Italien kann sich selbst beherrschen, sich selbst Gesetze geben, und zuerst in Italien ist Rom, das alte gesetzgebende Rom dazu berechtigt. Sagen Sie, meine Zuhörer, sind wir nicht alle stolz darauf, in der ewigen Stadt geboren zu sein und da wandeln zu dürfen, wo jeder Luftzug uns den Staub unserer Ahnen zuträgt, und mit ihm das lebendige Gefühl der Schönheit und der Kraft?"

So etwas muß man freilich italienisch von einem Italiener hören. Der Redner zitterte, wechselte die Farbe, und seine Stimme war so gewaltig geworden, daß die Luft davon erbebte.

Als er geschlossen, wollte der Applaus gar nicht enden, und der Fürst Canino, Napoleons Neffe, der in der vordersten Reihe saß, schrie einmal über das andere: „Bis bis!" indem er mit seinem starken Körper außer sich auf dem Stuhle herumrutschte und sich vor- und rückwärts bog.

Unmittelbar nach Sterbini trug ein Bischof ein lateinisches Carmen vor, worin auch wieder die piusfeindlichen Nachteulen sehr oft figurirten, die jedesmal mit Entzücken empfangen wurden. Nun kam die Reihe an eine der Damen und zwar an die jüngste der drei, ein schönes fünfzehnjähriges Mädchen; sie trug mit dem tönendsten Organ, mit der lieblichsten Miene und mit edler freier Haltung ein anmuthiges Sonett vor, dessen Inhalt war:

Zwei Schwestern giebt es, wovon die eine sanft, nur mit Liebeständeleien beschäftigt, die andere ernst und kriegerisch ist; aber beide waren nie vereint, bis jetzt, wo Pius beide an seinem Throne sich umschlingen läßt: die Barmherzigkeit, die Gerechtigkeit.

Dann trat wieder ein Monsignore auf und zwar mit einem satirischen Sonett. Er beschrieb die traurige Empfindung, welche ihm stets die Inschrift aller Denkmäler des alten Roms verursacht habe, und zwar besonders die Worte: Senatus Populusque Romanus, da Rom bis jetzt weder einen Senat noch ein Volk besessen — jetzt habe Pius der Große beide wieder erweckt — Rom habe wieder einen Senat und ein Volk!

Nachdem der Applaus für diese Worte verklungen, erhob sich der Präsident, und nach allen Seiten schauend, sagte er ziemlich laut zu seiner Umgebung: „E il Signor Masi?"

In demselben Augenblick öffnete sich eine kleine Nebenthür, welche auf die Tribüne führte, und herein trat rasch ein junger schlanker Mann mit einer echt italienischen scharf=

geschnittenen Physiognomie. Ein lautes freudiges Ah! entfuhr der Versammlung, denn es war Masi, Caninos Secretär, der beliebte Improvisator. Was nun folgte, zu beschreiben, dazu ist meine Feder und jede Feder zu kalt, zu trocken.

Wie flüssiges Feuer war das Gedicht des jungen Mannes, der mit seiner tönenden Stimme, der stärksten, die ich je vernommen, die ganze Versammlung elektrisirte. Er weinte, er lachte, er wüthete, kein Glied seines Körpers blieb ruhig, kein Zug seines ausdrucksvollen Gesichtes, aber es war weder häßlich noch lächerlich — nur bange wurde meinem deutschen Herzen zu Muthe. — Wir Nebelkinder können doch so eine Exaltation nicht begreifen, sie bleibt uns ein Phänomen, und während wir ängstlich dreinschauen, stimmen die Brüder solch eines Sonnenkindes mit ein in seine Feuerrede, jubeln ihm zu und fühlen dasselbe in ihrer Brust.

Masi schloß ungefähr mit den Worten:

„Fürchtet nicht, Brüder, wenn auch die Schlange zischt, Rom wird nicht mehr untergehen, des ist der Erzengel Bürge, der seine Fittiche über Rom ausgespannt hält!"

Was nach Maſi kam, war kalt Waſſer.

Die beiden Frauen, der Secretär der Geſellſchaft, ein paar Geiſtliche, obgleich ſie alle recht ſchöne Reime brachten — ihn erreichte keiner, weder an Geiſt noch an Feuer, und das war auch recht gut, denn wenn man zehn Maſis nach einander anhörte, bekäme ein Deutſcher ein Nervenfieber.

Aber ich wollte von der Erweiterung unſeres Bekanntenkreiſes reden, und hier muß ich zuerſt der Familie von Seydlitz aus Münſter erwähnen. Frau v. Seydlitz war die mit dem Immermann'ſchen Kreiſe in Düſſeldorf vielfach in Beziehungen ſtehende Schweſter des berühmten Geſchichtsforſchers v. Sybel; mit ihr waren Wilibald Alexis nebſt ſeiner ſchönen, noch ſehr jugendlichen Gattin Lätitia, einer geborenen Engländerin, eingetroffen; und faſt gleichzeitig fanden ſich Guſtav zu Putlitz und Bodenſtedt, die ſich irgendwo auf der Reiſe begegnet und an einander geſchloſſen, ein. Der ſchlank gewachſene Putlitz mit dem ſchönen blonden Vollbart war eine außerordentlich ritterliche Erſcheinung, voll einfach und natürlich ſich gebender harmloſer Liebenswürdigkeit, eine jener bei der erſten Begegnung gewinnenden Geſtalten, in denen man ſofort die

Aufrichtigkeit der anima candida erkennt. Dr. Häring war eine schärfer analysirende Natur, schweigsam und nicht der Ueberzeugung, daß einem berühmten Manne die Sprache nur gegeben sei, um zu verhindern, daß auch ein anderer zu Worte komme. Er war ein mittelgroßer, festgebauter Mann — bei seinen Arbeiten hielt er sich an den Spruch: Erst wäg's, dann wag's — es war merkwürdig, wie langsam er an der Wandbekleidung seiner Romanbauten zimmerte; ob der Plan und die Gebälkaufrichtung ihm rascher von der Hand gingen, weiß ich nicht. Jedenfalls hat er mit seiner Arbeitsmethode jene vorzüglichen historischen Romane geschaffen, die sich über Elbe und Oder hinaus so langsam ihr Terrain zu erobern hatten.

Wir zogen verbündet viel zu den Sehenswürdigkeiten hinaus, wie auch Putlitz in seinen Theatererinnerungen davon erzählt. Aber sehr oft machte sich nun doch auch in Rom der Winter geltend, durch Strichregen, Winde und Stürme. Die Windströmungen bringen eigenthümliche Effecte in der südlichen Natur hervor. Es ist mir immer, als ob erst dann, wenn der Wind die hohen Cypressen beugt oder den Pinien durch die Wipfelkronen fährt und dunkle Wolken dahinjagt über die feingeschwungenen Berglinien, als ob erst dann die italienische Landschaft mit ihren tiefgedämpften Farben ihren „klassischen" Charakter in seiner ganzen Stimmungsmacht zeige. Dem sei aber wie ihm wolle: das schlechte Wetter hält in Italien wie hier daheim die Menschen zu Hause und fesselt sie an den unbeschreiblich dürftig wärmenden Kamin. Es zieht auch ihre Gedanken unwillkürlich in die Heimath zurück, wo die biederen, zuverlässigen Freunde im weißen Kachelgewande stehen, wo die Thüren schließen und die Fenster in treuem Pflichtbewußtsein sich nicht leichtsinnig über das die cur hic hinwegsetzen, um sich von den heiter spielenden Zuglüften keine aristokratische Exclusivität vorwerfen zu lassen. Und wie denn bei solchen rückwärts der Heimath zugewendeten Gedanken auf gar mancherlei die Rede kommt, so wollte es eines Abends der Zufall, daß an unserem flackernden Kaminfeuer das Gespräch das damals noch lebhafter debattirte Caspar Hauser-Räthsel streifte und Freund Fritsche das große Wort gelassen aussprach, er kenne das Geheimniß, ihm sei das Räthsel enthüllt worden.

Auf die lebhafte und einen für Freund Fritsche nicht ganz schmeichelhaften Zweifel ausdrückende Frage:

„Sie — Sie kennen es, Sie kennen die Herkunft des Nürnberger Findlings, diese vielgesuchte Herkunft?"

„So ist es in der That," antwortete Freund Fritsche: „aber Sie müssen nicht glauben, ich wollte mich dabei meiner eigenen polizeilichen Spürkraft berühmen — was ich weiß, das erfuhr ich durch einen in Gotha lebenden Freund, dessen Name Ihnen vielleicht bekannt ist — er heißt Eberhard und ist . . ."

„Unter den Criminalisten berühmt durch eine treffliche Sammlung von Strafrechtsfällen . . ."

„Eben den meine ich, und was er mir anvertraute und auch anderen vertrauteren Freunden nicht vorenthielt, bis ihm der Mund geschlossen wurde, ist das Folgende:

„Vor mehreren Jahren wurde im herzoglichen Schlosse zu Gotha eine fremde, im Ort unbekannte Frau, welche sich Frau . . . heim nannte, als Oberbettmeisterin angestellt. Nachdem sie eine längere Zeit dort gewohnt hatte, machte sie die Bekanntschaft der Gattin des daselbst lebenden Polizeiraths Eberhard und wurde nach und nach mit dieser Dame eng genug befreundet, um ihr vertraute Aufschlüsse über ihre früheren Schicksale zu geben. Sie sei, erzählte sie, in einem Fräuleinstift in Würzburg erzogen, in welchem vielfach Geistliche am Unterricht sich betheiligt und verkehrt, unter Anderen ein junger Domherr von X., aus einer in

Franken angesessenen, sehr angesehenen und alten Familie. Diesem Domherrn hatte die junge ... heim gefallen, er näherte sich ihr, sie erwiderte seine Neigung, und so entstand ein vertrauteres Verhältniß, welches mit dem Falle des jungen Mädchens endigte und Folgen nach sich zog, die ihre zeitweilige Entfernung aus dem Institut nothwendig machten. Sie wurde in der Stille auf ein entlegenes Landgut des Domherrn gebracht und hier von einem Knaben entbunden. Genesen, kehrte sie in das Stift heim, das Kind aber mußte sie zurücklassen. Nachrichten über dasselbe erhielt sie von ihrem Verführer, der für dasselbe zu sorgen versprochen hatte. Nach geraumer Zeit wurde in einer Hauptstadt einer baierischen Diöcese der bischöfliche Stuhl erledigt, und die Wahl des neuen Oberhirten fiel auf Niemand anders als auf den ebengenannten Domherrn. Für die ... heim hatte man unterdeß fern von Würzburg eine Unterkunft, eine dauernde Stellung gesucht. Von Zeit zu Zeit brachten ihr Briefe des Bischofs von X. Nachrichten über das Wohlergehen ihres Kindes; in diesen Briefen war häufig das ausdrückliche Versprechen enthalten, daß der Knabe Erbe des Bischofs werden solle.

„Nach kurzer Verwaltung seines Hirtenamtes starb

der Bischof auffallend rasch, unter verdächtigen Umständen, über welche jedoch nie etwas klar geworden ist. Mit diesem Tode hörte nun für die … heim alle und jede Nachricht über ihr Kind auf. Erkundigungen, die sie angestellt hatte, soviel es in der Macht einer unvermögenden, an tägliche Arbeit gefesselten Frau gelegen, welche obendrein das Geheimniß bewahren mußte, waren fruchtlos geblieben. So hatte sie endlich, in dem langjährigen Schmerze ihres Mutterherzens, ihr Leid der neugewonnenen Freundin in Gotha geklagt.

„Damals beschäftigte alle Menschen, besonders alle Polizeimänner in Deutschland, die Frage: wer Kasper Hauser sei? Auch bei Eberhard war dies fast zu einer quälenden fixen Idee geworden, und als ihm seine Frau die Geschichte der … heim mittheilte, stieg natürlich alsogleich der Gedanke in ihm auf, in ihr könne die Mutter des räthselhaften jungen Mannes gefunden sein. Er bat seine Gattin, mehrere bestimmte Punkte von der … heim zu erfragen. Die Antworten bestärkten auf's Wunderbarste seine Conjectur. Die Sache ließ ihn nun nicht länger rasten. Er schrieb einen Brief an den Rittmeister, unter dessen Obhut Hauser damals in Ansbach lebte, und indem er ihm so viel von seinen Vermuthungen mittheilte, als er hinlänglich glaubte, um seine Bitten zu motiviren, ersuchte er den Rittmeister, mit seinem Schutzbefohlenen einen Ausflug nach Gotha zu machen, so daß eine Confrontation von Hauser und der . . . heim stattfinde. — Zu seiner Verwunderung weigerte sich der Rittmeister, auf die Bitte des Polizeiraths einzugehen. Hauser, schützte er vor, sei als ein Sohn Bayerns adoptirt und dürfe die bayerische Grenze nicht überschreiten. Eberhard schrieb nun zum zweitenmal, gab alle Daten, welche er vorher noch zurückgehalten, zur Unterstützung seines Gesuches an und ließ dem Rittmeister keine Ausflucht mehr. Dieser schwieg einige Tage, dann antwortete er, daß er, da eine Möglichkeit der von Eberhard angedeuteten Identität allerdings vorhanden zusein scheine, seiner Bitte nachgeben und nach Gotha kommen wolle. Er werde mit Hauser an bestimmtem Tag und Stunde im Grenzort Lichtenfels eintreffen; dort möge ein von Eberhard in's Vertrauen gezogener zuverlässiger Mann ihrer warten, um sie nach Gotha zu führen. Sie würden unter angenommenem Namen reisen, der wahre müsse streng verschwiegen bleiben.

„In der That erschien Hauser mit seinem Mentor

am festgesetzten Tage in Lichtenfels. Der Bruder des Polizeiraths, Rath Eberhard aus Coburg, empfing die Reisenden hier, führte sie nach Coburg und bewirthete sie dort in seinem Hause. Er hatte am Abend ein paar Bekannte zu sich geladen, um den Fremden Unterhaltung zu gewähren. Unter ihnen war der katholische Pfarrer des Ortes, der zuletzt erschien. Den Fremden vorgestellt, fixirte er den jungen Mann und sagte dann: ‚Sie haben eine merkwürdige Aehnlichkeit mit einem verstorbenen Bekannten von mir.' — ‚Wer war das?' fragte der Rath. — ‚Ein Herr von X., der in Würzburg mit mir studirte und später Bischof wurde.'

„Das Gespräch wandte sich auf andere Gegenstände, der Rath Eberhard aber benutzte eine Gelegenheit, um sich zu entfernen, die frappante Aeußerung des Pfarrers aufzuschreiben und sie durch Estafette noch in der Nacht seinem Bruder nach Gotha mitzutheilen.

„Am anderen Tage setzten Hauser und sein Begleiter die Reise nach Gotha fort, wo sie am Abend anlangten. Eberhard war ihnen entgegengeeilt und empfing sie in Schwabhausen. Am folgenden Tage besuchte er mit ihnen das Theater in Gotha, wo der Herzog sie in seine Loge rufen ließ und sich mit ihnen unterhielt. Für den zweiten Abend bat Eberhard sie zu einer kleinen Gesellschaft zu sich. Zu dieser war auch die Frau ... heim gebeten. Die letztere ahnte natürlich, so wenig als Hauser, welche Absicht mit ihrem Zusammenführen verbunden war. Als die ... heim den jungen Mann erblickte, brach sie in Thränen aus und konnte erschüttert die Blicke von seinen Zügen nicht abwenden. Hauser wurde neben sie auf das Sopha gesetzt; auch er war seltsam bewegt und fieberhaft aufgeregt, und beide schienen während des ganzen Abends nur für einander Sinn zu haben.

"Ehe man sich trennte, zog der Polizeirath den Rittmeister beiseite. — ‚Meine Vermuthungen haben sich auf's Entschiedenste bestärkt,' sagte er. ‚Es fehlt nur noch eines, um zu völliger Gewißheit zu kommen.' — ‚Und das ist?' fragte de Rittmeister kleinlaut und betroffen. — ‚Die ... heim hat meiner Frau angegeben, ihr Kind habe an der rechten Seite auf den Rippen ein dunkel braunes Mal gehabt. Lassen Sie mich mit Ihnen in Ihren Gasthof gehen, um zu untersuchen, ob es sich an Hausers Körper finde.' — ‚Das geht nicht, beileibe nicht!' rief der Rittmeister aus. — ‚Und weshalb nicht!'

— ‚Der junge Mensch ist infolge seiner langen, einsamen Einsperrung von der äußersten Schüchternheit, von einer krankhaft reizbaren Schamhaftigkeit. Wollten wir eine solche Untersuchung an ihm vornehmen, er könnte Krämpfe bekommen.'

„Der Polizeimann begriff solche Rücksichten nicht. Nun, so lassen Sie ihn einmal Krämpfe bekommen. Die Sache ist wichtig genug!' — ‚Nein nein!' antwortete der Rittmeister, in die Enge getrieben. ‚Aber ich will Ihnen einen anderen Vorschlag machen. Hauser hat einen außerordentlich festen Schlaf. Kommen Sie morgen zwischen vier und fünf Uhr zu uns; wir wollen dann, während er schläft, das beschriebene Mal suchen.'

„Der Polizeirath war damit einverstanden. Man trennte sich. Eberhard schloß während der Nacht kein Auge, und in seiner Erregung machte er sich schon auf den Weg zu dem Gasthause ‚Im Mohren', als kaum halb vier vorüber. Nachdem er Einlaß gefunden, verlangte er in das Zimmer des Rittmeisters geführt zu werden; allein zu seiner größten Ueberraschung sagte man ihm, der Rittmeister habe am vorigen Abend noch Postpferde bestellt, und die beiden fremden Herren seien Punkt zwei Uhr abgefahren. Der Polizeirath begab sich, empört über diese Perfidie, heim, aber er war jetzt mehr wie je entschlossen, die Sache auf irgend eine Weise bis an's Ende zu verfolgen.

„Einige Tage vergehen. Der Herzog hatte sich unterdeß von Gotha nach Coburg begeben. Da fährt eines schönen Tages eine vierspännige Postkalesche in den Schloßhof zu Coburg ein; zwei Herren, der Erzbischof von Bamberg und ein Graf Rechberg, steigen heraus und bitten um eine augenblickliche Audienz. Der Herzog empfängt sie, und es folgt eine zweistündige geheime Unterredung, nach welcher der Herzog die beiden Herren mit äußerster Höflichkeit wieder entläßt. Kaum aber haben sich diese wieder in ihren Wagen gesetzt und sind abgefahren, als der Herzog eine Estafette nach Gotha sendet, welche ein Cabinetsschreiben an den Polizeirath überbringt.

„Am Abend des folgenden Tages war in Gotha in dem dortigen Casino die gewöhnliche Gesellschaft der Honoratioren versammelt. Auch der Polizeirath Eberhard erschien hier. Im Laufe der Unterhaltung warf er mit anscheinend großer Gleichgiltigkeit die Worte hin: „Es ist merkwürdig, wie sich unsere polizeiliche Spürkraft oft auf Abwege verlocken lassen kann. Ich habe Ihnen vor einigen Tagen erzählt, daß ich dem Kasper Hauser'schen Räthsel auf der Spur sei, meine Herren, heute habe ich zu meiner Beschämung entdecken müssen, daß alle meine Conjecturen auf Sand gebaut sind.' — Die Anwesenden, welche von der herzoglichen Intervention keine Ahnung hatten, nahmen diese Versicherung auf guten Glauben an. Ob Eberhard im Stillen weiter forschte oder nicht, weiß ich nicht. Aber gewiß ist, daß es kurze Zeit nach all diesen Vorgängen war, als der Mentor Hausers eines Tages in Ansbach durch wirkliches oder fingirtes Unwohlsein sich gehindert erklärte, seinen Schützling, wie er pflegte, zur Tafel im Gasthause zu begleiten. Hauser ging allein; unterwegs trat ein unbekannter Mensch ihn an und versprach ihm ohne Zweifel Enthüllungen über seine Herkunft, wenn er ihm ein Rendezvous in den Stadtanlagen gebe. Hauser folgte und wurde an einem einsamen Orte ermordet gefunden. Bei der Leichenschau fand sich das Mal auf der rechten Seite seines Körpers vor.

„Das Räthsel ist damit nicht ganz gelöst. Aber so viel kann ich andeuten: der Vater Hausers, der Bischof von X., hatte einen Bruder von anerkannt schlechtem Charakter, der des Nachlasses wegen den zum Erben eingesetzten Sohn beiseite schaffen und zugleich der hohen geistlichen Würde ein Aergerniß ersparen wollte. Und ferner noch daß der Bruder des Bischofs durch seine Verbindungen allmächtig war und daß nach dem Tode Hausers gerade sehr vornehme Personen es waren, welche mit großem Eifer für die rein unsinnige Behauptung stritten, er habe sich selbst ermordet, eine Annahme, die Mittermaier in seinen Briefen über Hausers Tod im ‚Morgenblatt' so schlagend in ihr Nichts zurückführte. Auch wissen alle Criminalisten, welche sich für die Aufhellung der Thatsachen interessirten, die Kasper Hausers Tod begleiteten, daß man die Acten darüber streng verheimlichte und Niemandem zu Gesicht kommen ließ.. — Daß Hauser der Sohn eines hochgestellten katholischen Geistlichen sei, wurde übrigens schon bei seinem ersten Auftreten in Bayern vielfach versichert."

Der Erzähler konnte nicht verlangen, daß wir diese Deutung der Kasper Hauser=Sage sogleich als die unangreiflich richtige annahmen — doch schien sie mir in ihrem Kern berücksichtigenswerth genug, daß ich sie meinem alten Lehrer im Strafrecht, im peinlichen Proceß und in der gerichtlichen Medicin mittheilte. Mittermaier, die erste Autorität in der Hauser-Frage, nachdem Anselm Feuerbach ein plötzliches überraschendes Ende gefunden, verwarf sie dann durchaus nicht. Er schrieb mir aus Karlsruhe den 2. Mai 1848, nachdem er für die Mittheilung gedankt: „Die Nachrichten scheinen mir bedeutungsvoll, und ihr Totaleindruck macht die von Ihnen gegebene Andeutung sehr wahrscheinlich. Die Wahrscheinlichkeit wächst für mich, da ich schon bald nach dem Auftreten Hausers in Bayern von achtungswerthen Männern versichern hörte, daß Hauser der Sohn eines hochgestellten katholischen Geistlichen sei; auch hatten vorzüglich sehr vornehme Personen den Glauben verbreiten wollen, daß Hauser nicht ermordet worden sei; während ich in den damals erschienenen Briefen im ‚Morgenblatte' zu beweisen suchte, daß Hauser sich nicht selbst getödtet haben könne, versuchten vornehme Leute mich vom Gegentheil zu überzeugen. Auffallend war mir auch, daß von Seiten des Hofes in Bayern die Untersuchung über den Mord an Hauser in ein Dunkel gehüllt wurde und die Acten Niemandem, der sich dafür interessirte, zu Gesicht kamen. Auf jeden Fall scheinen mir die Nachrichten, welch Ew. Wohlgeboren gesammelt haben, wichtig genug, um eine öffentliche Bekanntmachung zu verdienen! — Mit vorzüglicher Hochachtung u. s. w. Mittermaier."

Jene Bekanntmachung ist denn auch erfolgt im „Morgenblatt" Nr. 150 des Jahrganges 1848.

Merkwürdig ist nun aber der Beweis, der in Mittermaiers Brief liegt, wie kurz sein Gedächtniß in einer Sache war, mit welcher er sich so vielfältig beschäftigt hatte. Er antwortete mir auf meine Mittheilung, als hätte ich ihm etwas ganz Neues eröffnet; und doch war die ganze Eberhard'sche Hypothese schon im Jahre 1832 zur Erörterung gekommen — zwischen Eberhard, dem Stadtcommissär Faber zu Nürnberg, dem Präsidenten Feuerbach; schon hatte die Confrontation des nicht von einem „Rittmeister", sondern von einem Gendarmerie-Lieutenant Hickel begleiteten Hauser mit der Frau Königsheim, als sie 1833 im Januar stattgefunden, auffallende Bestätigungen ergeben; und zuletzt hatte Feuerbach seine badische Prinzenfabel gänzlich fallen lassen und sich in einem Briefe an Eberhard für völlig überzeugt erklärt, das über Hausers Herkunft liegende Dunkel helle sich jetzt endlich auf. Das von der Königsheim angegebene Geburtsjahr 1811 passe vortrefflich; Hausers Physiognomie und Haltung entspreche ganz den unverkennbaren Eigenthümlichkeiten katholischer Geistlicher; „Hauser ist gleichsam nur ein Canonikus oder Domherr en miniature, an dem man kaum die Tonsur vermißt," schrieb er an Eberhard.

Das Alles ist heute klargestellt aus dem noch ungedruckten Briefwechsel zwischen Feuerbach und Eberhard — seltsam genug ist die Welt von heute, die Plundersweilen als unsere eigentliche literarische Hauptstadt betrachtet, mit dieser Reliquienausgrabung noch verschont worden — aber der treffliche Dr. O. Mittelstädt, der in seinem „Kasper Hauser" (Heidelberg 1876) dem badischen Prinzenthumsschwindel so gründlich den Boden ausgeschlagen hat, geht auf Grund jener Correspondenz in die Sache so ausführlich ein, daß trotz unserer damaligen Zweifel Freund Fritsche heute auf's Herrlichste gerechtfertigt dasteht.

Und nun, wie war es möglich, daß 1848 der große Mittermaier mit dem Jupiterhaupte noch nichts von dem Allen erfahren oder es ganz und gar vergessen hatte

* * *

Hier enden die Lebenserinnerungen. Es sollte dem Verfasser nicht vergönnt sein, nach dem Morgen des 20. August, an dem er diese letzten Zeilen schrieb, die Feder wieder in die Hand zu nehmen. — Ein Magenleiden, das ihn schon seit längerer Zeit heimsuchte, nahm von dem Tage an einen jähen, tödtlichen Verlauf. In der Frühe des 31. August ist er sanft und schmerzlos in den Armen seiner Kinder zu Pyrmont, wohin ihn sein jüngster Sohn, der als Arzt dort lebt, zu sich geholt hatte, gestorben.

So Manches ist seitdem über ihn gesagt und geschrieben worden, über seine literarische Thätigkeit, über seine Person. Alle die, welche ihn kannten, wußten ja um die ruhige Klarheit seines Wesens, um sein natürliches Sichgeben ohne jene Prätension, um die seltene Bescheidenheit, mit der er sein großes Wissen, dem ein staunenswerthes Gedächtniß zur Seite stand, in der Unterhaltung kund that. So oft ist von den verschiedenst gearteten Menschen nach ihrem ersten Bekanntwerden mit Schücking gesagt worden, daß sie von der Harmonie, der ungesucht vornehmen Art seines Seins einen unauslöschlichen Eindruck hinweggetragen hätten.

Aber was bei alledem der Kern seiner Natur war,

darum wußten nur die, die ihm nahe standen. Es war eine unerschütterliche Treue gegen sich selber, ein Festhalten sonder Wanken an dem, was ihm als das Rechte, eine selbstlose Hingabe an das, was ihm als seine Pflicht galt. Und darum sind wohl kaum seinem Scheiden wahrere und in dieser Wahrheit ergreifendere Worte nachgesprochen worden als die seiner Heimathgenossin Emmy v. Dincklage:

> Und nun auch du, Levin; dein Seherblick,
> Er ruht nie mehr auf unsrer Heimath Haide,
> Vollbracht dein klagelos besiegt Geschick,
> Das deinen Muth gestählt in schwerem Leide.
>
> Wenn heut der Lorbeer deine Bahre schmückt,
> Wenn Deutschlands Gau'n durchzittern Trauerklänge,
> Nie hast du um den Beifall dich gebückt,
> Nie standst du in der faden Streber Menge!
>
> Still, ernst und groß — der Haideheimath Sohn,
> Ein Geist, der stets sich selber treu geblieben,
> Bist sorgsam du dem lauten Schwarm entflohn
> Und hast aus tiefstem, innerm Drang geschrieben.
>
> Ruh sanft in rother Erd — ein hehrer Glanz
> Auf deiner Gruft wird lang nach uns noch leuchten;
> Nimm, braver Mann, der Heimath Haidekranz,
> Den schwere Freundesthränen feuchten.

www.ingramcontent.com/pod-product-compliance
Lightning Source LLC
Chambersburg PA
CBHW021351230426
43666CB00006B/480